内容电商

丛书主编 **秋叶** / 陈道志 哈默 编著

人民邮电出版社

北　京

图书在版编目（ＣＩＰ）数据

内容电商 / 陈道志，哈默编著. -- 北京 : 人民邮
电出版社，2018.5（2019.8重印）
（互联网+新媒体营销规划丛书）
ISBN 978-7-115-48188-7

Ⅰ. ①内… Ⅱ. ①陈… ②哈… Ⅲ. ①电子商务—基
本知识 Ⅳ. ①F713.36

中国版本图书馆CIP数据核字(2018)第061166号

内 容 提 要

本书全面介绍了内容电商及内容电商各模块的具体内容。全书共分 7 章，第 1 章重点介绍内容电商的相关概念，其中包括内容电商的概念及特征、产生背景及与其他电商类型的比较；第 2 章重点介绍内容电商的运作模式，包括基于 UGC、基于 PGC 及基于电商平台的内容电商运作模式；第 3 章重点介绍内容电商的产品选择，包括选品的必要性、选品方式、选品方法、选品技巧及选品的禁忌；第 4 章重点介绍内容电商的内容策划，包括内容策划流程、内容形式、内容要素及内容创作；第 5 章重点介绍内容电商的内容创作与传播，包括标签识别、内容传播内核、内容分发机制；第 6 章重点讲解内容电商的销售转化，包括转化机制、销售承接平台、经纪人体系等内容；第 7 章对内容电商经典案例进行分析，通过讲解不同行业及领域的内容电商案例，帮助读者更好地掌握内容电商的知识。

本书适合企业营销和新媒体传播实践工作的初学者和从业者使用，也可作为本科院校及职业院校市场营销类、企业管理类、商务贸易类、电子商务类专业内容电商课程的教学用书。

◆ 编　　著　　陈道志　哈默
　　责任编辑　　古显义
　　责任印制　　马振武
◆ 人民邮电出版社出版发行　　北京市丰台区成寿寺路 11 号
　　邮编　100164　　电子邮件　315@ptpress.com.cn
　　网址　http://www.ptpress.com.cn
　　三河市君旺印务有限公司印刷
◆ 开本：720×960　1/16
　　印张：13.25　　　　　　　　　　2018 年 5 月第 1 版
　　字数：195 千字　　　　　　　　2019 年 8 月河北第 4 次印刷

定价：45.00 元

读者服务热线：(010)81055256　印装质量热线：(010)81055316
反盗版热线：(010)81055315
广告经营许可证：京东工商广登字 20170147 号

丛书编委会

主　　编　秋　叶

副 主 编　哈　默　勾俊伟　萧秋水

成　　员　张向南　刘　勇　秦　阳　叶小鱼　梁芷曼

　　　　　谢　雄　陈道志　乔　辉　麻天骁　葛佳佳

　　　　　孙　静　韩　放　贾　林

P
前言
REFACE

编写背景

随着智能手机的普及和移动互联网的发展，人们获取产品信息与购买产品的渠道越来越丰富，竞争越来越激烈，电商行业面临一个严峻的考验。伴随着中国互联网人口爆炸式增长的流量红利期即将结束，商家通过秒杀、优惠券、满减、折扣和买赠的方式获取用户芳心的成本变得越来越高。这种传统的流量电商模式给电商运营带来了巨大的成本压力，与此同时，消费者对互联网各种内容的消费兴起，新的消费生态正在形成，过去行之有效的商业逻辑也许正成为现在的阻碍，消费者不再仅仅满足于过去的衣食住行，个人化、定制化、多元化产品逐渐成为新的消费需求。为应对这种消费生态的改变，内容电商应运而生。

据麦肯锡的一份报告显示：中国消费结构与发达国家日趋相像，预计到 2030 年，中国家庭全年在食物上的支出占比将下降 18%，而"可选品"与"次必需品"的支出将显著增加，未来 15 年，中国将贡献全球消费增量的 30%。

如何应对消费结构带来的改变、如何持续生产满足消费者需求的产品、如何转换为内容电商模式、如何创作优质的内容，成为各大企业关心的课题。因此，若想提高产品销售业绩，企业必须掌握内容电商知识，从而紧跟时代潮流，抓住下一个红利机会。而内容电商人才，特别是深入理解内容电商模式、掌握核心技能的人才紧缺，市面上目前尚缺乏适合企业和高校使用的、系统讲解内容电商的实战图书。在这样的背景下，编者策划并编写了本书。

本书特色

1. 系统全面，体系完整

本书从内容电商产生的背景、概念和特征讲起，系统分析了内容电商与其他电商类型的区别，全面讲解了内容电商的运作模式、产品选择、内容策划、内容创作与传播、销售转化，并对九个不同行业和领域的内容电商典型案例进行分析，深化读者对内容电商的理解。

2. 理论与实践相结合，实操性强

很多内容电商图书或侧重于概念、理论的讲解，或侧重于案例，缺乏理论和实践的有效结合。本书侧重培养应用型人才，在理论介绍的基础上侧重实操训练，精心设计了大量的"课堂讨论"，旨在引导读者注重思考，发挥主观能动性。每一章都有相关的"实战训练"，旨在引导读者在实践中学会独立思考，将学到的知识应用到实践中。

3. 案例丰富，能反映行业最新发展

本书融入了大量新颖和热点的案例，旨在拓展读者的视野，引发读者进行主动思考。

教学建议

本书适合作为本科院校及职业院校内容电商课程的教材使用。如果选用本书作为教学用书，建议学时为32～48学时。

编者情况

　　本书由陈道志和哈默合作完成。本书在编写过程中得到诸多朋友的帮助，在此深表谢意。由于内容电商本身尚处于不断发展过程中，加之作者能力有限，疏漏之处在所难免，欢迎广大读者批评指正。对本书的意见和建议，请发邮件至 hamo210@vip.qq.com。

编　者

2018 年 3 月

目录
CONTENTS

03 Chapter
内容电商之产品选择

04 Chapter
内容电商之内容策划

05 Chapter
内容电商之内容创作与传播

Chapter
06 内容电商之销售转化

Chapter
07 内容电商之案例分析

01
Chapter

第 1 章
内容电商之概念梳理

通过阅读本章内容，你将学到：

- 内容电商的概念及特征
- 内容电商产生的背景
- 内容电商与其他电商类型的比较

// 1.1 内容电商的概念及特征

近年来，内容电商已经从一个单纯的热门词汇演变成一个热门产业。不论是电商从业者还是新媒体内容创作者，不论是电商平台还是媒体平台，都在探索和尝试内容电商这一新型电商模式。那么到底什么是内容电商，它有些什么特征呢？本节内容将尝试做一个全面的介绍，帮助读者对内容电商有个初步概念。

1.1.1 内容电商的概念

电商行业面临一个严峻的现实——获取流量的成本越来越高。伴随着中国互联网人口爆炸式增长的流量红利期即将结束，商家通过购买竞价排名+"秒杀、优惠券、满减、折扣和买赠"等方式获取用户购买的成本越来越高。这种传统的流量电商模式给电商运营带来了巨大的成本压力。与此同时，消费者开始更为关注互联网兴起的各种有趣有料的内容，并更愿意听从这些内容提供者的建议进行消费，从内容引导消费，一种新的消费生态正在形成——因为喜欢你创作或分享的内容，所以购买你推荐或者生产的商品，这就是内容电商。内容电商是指以消费者为中心，以触发情感共鸣的内容为源动力，通过优化内容创作、内容传播和销售转化机制来实现内容和商品的同步流通与转化，从而提升营销效率的一种新型电商模式。

课堂讨论

你有通过阅读或者观看内容而购物的经历吗？如果有，请结合你印象最深刻的一次体验，说说是什么打动了你购买。如果没有，你觉得你会因为喜欢的内容而产生购买行为吗？为什么呢？

内容电商的一种常见表现形式，也是出现比较早的一种表现形式就是美丽说、蘑菇街等购物分享类网站，如图 1-1 和图 1-2 所示。一些喜欢穿衣搭配并乐于分享的达人，通过分享自己的心得，既满足了自己的分享欲，又可以从其他用户购买该商品的收入中提取销售分成，于是这些平台吸引了包括淘宝卖家在内的众多人加入。据说，曾经蘑菇街等这类购物分享平台导入到淘宝的流量达到淘宝总流量的 10%。

图 1-1

图 1-2

随着新媒体信息发布平台的普及，许多个人及商家通过发布图文、视频等内容进行商品销售的形式逐步兴起，内容电商的表现形式更加丰富。以微信平台为例，新媒体从业者通过微信公众号发布优质内容，聚集了一批粉丝后，开始顺势推出自己的微商城，直接从贩卖"思想"到贩卖"商品"。利用微信公众平台进行电商销售的成功案例有很多，其中"罗辑思维"是大家公认的优秀代表之一，如图 1-3 所示。用罗振宇自己的话说，"罗辑思维"就是卖货的，卖月饼、卖柳桃、卖书、卖演出票等，其实质都是在以内容做电商。与"罗辑思维"类似的"年糕妈妈"也是通过优质的内容分享建立起了稳固的粉丝群，之后顺利切入电商领域。"年糕妈妈"的创始人李丹阳本来是一个全职妈妈，因为是医学专业毕业，加之深入系统学习育儿知识，又乐于分享自己所学，逐渐成为身边妈妈群体中的育儿专家。后来她开设公众号，如图 1-4 所示。该公众号为新手妈妈们提供靠谱、易懂、接地气的科学育儿资讯。两年间，"年糕妈妈"的粉丝已经超过 500 万，月销售额超过 5000 万元。2016 年年初，"年糕妈妈"获得经纬中国和紫牛基金数千万元的 A 轮融资。

近年来，传统的电商平台也在推进电商内容化进程，进一步扩充了内容电商的表现形式。例如，阿里巴巴推出了淘宝头条，如图 1-5 所示，也开通了淘宝直播，还收购或者参股了微博、优酷等内容平台，成立阿里文娱大鱼号，由内而外打造了一个从内容生产到内容传播再到内容消费的生态体系。京东也与今日头条达成全面战略合作，共同推出"京条计划"，今日头条用户在阅读场景中直接享受京东提供的电商服务，这也是内容电商的一种模式。

内容电商已经成为一种主流电商模式，无论是电商从业者，还是各类新媒体从业者，甚至是传统电商平台，都在关注、实践和总结内容电商的玩法。

图 1-3

图 1-4

图 1-5

实战训练

判断以下关于内容电商观点的对错，在表 1-1 的"对错判断"栏填写答案，对的画"√"，错的画"×"。

表 1-1　内容电商观点对错判断

观点	对错判断
内容电商就是通过电商平台给用户展示丰富的商品信息和广告文案，以获得较高的销售转化	
内容电商以消费者为中心，以触发情感共鸣的内容为源动力	
内容电商兴起于微信公众平台分享内容而产生商品销售的模式	
内容电商通过优化内容创作、内容传播和销售转化机制来实现内容和商品的同步流通与转化	
内容电商是一种新模式，当前主要是新媒体从业者在尝试内容电商的玩法	

1.1.2　内容电商的特征

课堂讨论

　　通过对内容电商概念的学习，你觉得内容电商的优势有哪些？有哪些与传统电商不一样的特征呢？

　　通过对内容电商的概念解析不难看出，内容电商实际上是传统电商模式的创新和发展。首先，它重新定义了消费者的决策行为，它以内容来对消费者的购买进行分析和引导，最终让消费者的决策变得可控；其次，它重新定义了供应链的选择，它通过内容来筛选出最合理的也是最符合消费者消费预期和心理价值的产品。也就是说，原来卖家是把所有的产品展现给消费者，让消费者自己来选，而现在，卖家通过内容筛选出符合消费者需求的产品来卖。内容电商能够实现这样的转变主要是因为内容电商本身具有以下特征。

1. 购物行为和购买行为分离

　　购物行为（shopping）和购买行为（buying）在以往线下或在传统电商平台（如天猫或者京东等）购物时，两者基本都是一致的，大部分时候，购物行为是为了产生购买行为，或者说为了购买行为才会产生购物行为。但在内容电商中，二者发生了较大的分离。消费者在产生购买行为时，并没有处在一种逛街、购物的心态中，而是在阅读或者观看各类优质内容时产生的即时购买行为。这种分离能让消费者放低心理设防，更容易引起消费者的心理好感。内容的生产者通过内容与用户进行深度交流与交换，内容所附带的场景价值、体验价值以及审美价值，都会降低人们的挑剔度和对价格的敏感度。人们愿意从"罗辑思维"上买一本原价的书，也不愿意从当当网买一本打折的书，因为"罗辑思维"的书有情怀、有温度、有个性、有群体、有归属、有格调。

2. 与用户建立情感连接

内容电商以消费者为中心替代以企业主体为中心的视角，深刻洞察消费者的心理，通过持续的内容沟通实现情感共鸣，建立与消费者的情感连接。内容电商是对人心的服务，它的服务不仅便捷，还有情感。内容电商运营者与用户之间不再是交易关系，而是情感关系。内容电商再一次让互联网回归到人际关系的本质属性，这其实也给传统电商行业提供了一种思路和视野。

3. 各参与主体价值提升

内容电商进一步提升了用户收益、商家收益、平台收益和内容生产者收益。内容电商通过塑造产品的个性，为用户筛选出与其价值观对等和匹配的产品，让用户不仅获得商品的功能性价值，更能获得精神价值，消费体验更佳。商家也因为商品价值的提升获得更多利润收益。平台除了继续获取原来的流量广告、点击分成、导购分成等收益外，还会收获用户活跃度增加、用户黏性增加的价值。内容生产者以往主要依靠平台分账、品牌投放等广告收益，现在能够直接与用户连接，还可以获得粉丝支持打赏、商品购买变现等新的收益回报。可见，内容电商能够让各参与主体价值进一步提升，实现多方共赢。

4. 传播过程场景化

内容电商强调怎样能够构造场景，能够根据消费者当下的场景需求提供更加对应和有意义的产品或者服务。内容电商从业者需要对消费者进行洞察和细分，将电商的运营从流量的运营转变为人群的运营，从经验化的运营转变为数据化的运营。场景对了，运营效率和效果将大大提升，如"淘世界"这款生活购物类手机软件，每天都有专业买手为用户实时直播海外商店里的特色孤品、奢侈品，让用户坐在家里就能轻松享受海外购物的心跳折扣，感受前沿时尚潮流。这种场景让用户直接在淘宝下单，解决了信任问题，推送适当的内容给有需求的用户，客单价可以超过 1000 元。又如"下厨房"，一个提供食材食品、厨房用品购买与菜谱查询、分享的移动应用，它营造的是制作高品质餐食的场景，在内容里植入了松下的面包机和电饭煲相关的产品，在非常短的时间卖断了整个品牌的库存。人群找对了，推送的产品找对了，买卖相关度也就大了，巨大的销售量也就产生了。

5. 交易闭环化

内容电商从业者致力于将内容中的核心价值理念以及消费观念的价值，通过信息传播的方式直接传达到目标受众，通过内容的影响力和购物引导，直接达成交易。用户感觉不错后，会持续关注内容，真正实现内容传播全链条。内容本身的价值被转移到平台的整体流量价值中来，打造"发现—引导—成交—发现"的闭环是内容电商的重要特征之一。

实战训练

判断表 1-2 中描述的观点或者案例属于内容电商的哪种特征，请将这一特征填入表格中。

表 1-2　内容电商的特征

观点描述	特征
通过植入具有消费观、价值观的内容创作和传播，吸引用户关注和深度阅读，进而产生成交，注重用户体验和用户持续关注，形成闭环	
我要买秋叶大叔的所有新媒体丛书，因为我就是喜欢他	
内容电商让消费者、商家、内容创作者多方受益	
年糕妈妈利用一篇给孩子做烘焙的文章引起众多宝妈对某款烤箱的极大兴趣	
我在观看直播的过程中买了一条本没打算购买的裙子	

// 1.2 内容电商产生的背景

内容电商不会无缘无故产生，探究其产生的背景有利于我们更加深刻地认识内容电商，从而有效开展内容电商业务。内容电商产生的背景有多个方面，如传统流量模式难以为继，消费者购买决策机制改变，内容创业产业迅速蔓延以及小众品牌快速崛起等。

1.2.1 传统流量模式难以为继

传统电商流量争夺战日趋激烈，导致电商获取新用户的成本不断升高。据电商领域资深专家的长期观察，在 2003 年至 2017 年间，传统电商获取一个新用户的成本逐步提高，如表 1-3 所示。而且即便获取了一个新用户，他也未必会购买网站的商品。行业数据显示：一个电商网站的新注册用户转化为真正购买用户的比例约为 3%。

表 1-3　传统电商获取新用户成本对比图

年份	获取新用户成本
2003	6～10 元
2008	25～30 元
2017	150～200 元

可见，传统电商的运营成本太高，这种流量模式已经难以为继。究其原因，传统电商大都由低价营销为主导，平台在发展上升期对商家扶持力度较大，竞争并不激烈，商家流量成本还能承受，而且还能通过优化商品供应链降低成本，对用户来说，这种货架展示的电商模式与线下百货购买相比具有明显的便捷性和高性价比的优势，电商平台得以发展壮大。等电商上升期结束后，电商平台商品走低价策略并不能很好地增强用户的黏性，相反会让消费能力强的用户担心产品质量，加上一些低价产品质量问题不断出现，潜在用户对商家的信任感减弱，这也进一步加剧了商家流量成本的上升。消费者对商家通过媒体直接介绍商品和服务的硬广告越来越反感，且不说广告信息送达率有多大，即便目标受众看了广告，对广告内容的信任度也不会高。平台开始进入缓慢发展期或者衰退期。传统电商的流量模式困境如图 1-6 所示。

在内容电商模式下，商家把商品和内容信息结合起来，用内容吸引潜在消费者，帮助消费者决策，并引起消费者之间相互转发内容，从而扩大影响、建立信任感。这样通过优质内容去吸引消费者，无疑会大大降低用户获取成本，而且，对内容的认同会大大提高销售转化率。例如，企鹅团通过以醉鹅娘为代表的红酒自媒体，通过输出优质的内容扭转消费者对廉价酒的固有认知，推出在传统电商平台上销售转化率并不高的、单价在 20 元价位的单品葡萄酒，一批 6000 SKU（Stock Keeping Unit，库存量单位）在上线三小时内售罄。

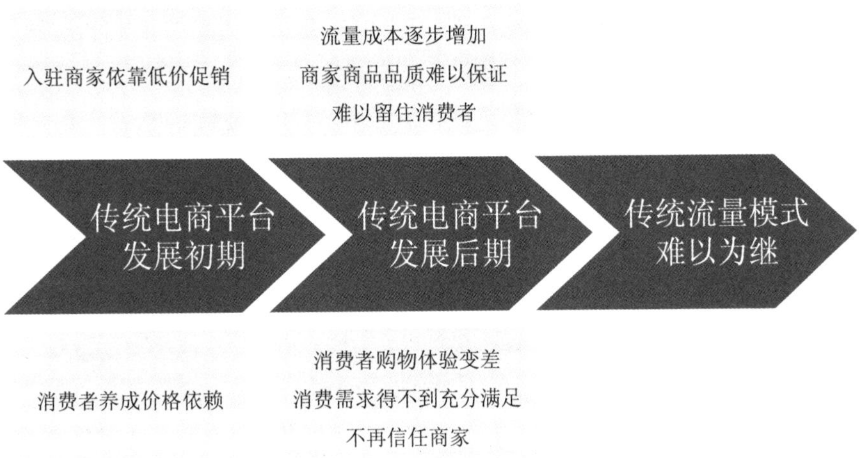

流量成本逐步增加
商家商品品质难以保证
难以留住消费者

入驻商家依靠低价促销

传统电商平台
发展初期

传统电商平台
发展后期

传统流量模式
难以为继

消费者购物体验变差
消费需求得不到充分满足
不再信任商家

消费者养成价格依赖

图 1-6　传统电商的流量模式困境

课堂讨论

　　现在越来越多的卖家抱怨在淘宝上开店越来越困难了，不花钱没流量，花钱买了直通车、钻展等广告，流量虽然来了，但是销售转化率又很低。依靠传统的流量模式在淘宝开店盈利越来越难了。

　　你有什么好的建议给这些卖家呢？

1.2.2　消费者购买决策机制改变

　　这些年，社会商品供给能力大大提升，如何解决由于供给丰富、信息过剩而导致的用户决策成本增加的问题，成为消费领域越来越突出的核心矛盾。从网络消费者决策的角度分析，"不知道买什么合适"是一个被广泛认同、普遍存在的用户决策痛点。

1.　消费者购买决策需要外部支持

　　伴随着消费结构的变化，普通消费者的购物方式随之发生了改变：消费品类从简单到复杂，消费价值从可衡量到不可衡量，消费决策从理性到感性。当商品供给远超出个人消费者需求，互联网信息泛滥时，传统的货架式商品呈现方式已经无法满足消费者。消费者不再花费大量的时间和精力去比较、分析并做出最终的购物决策判断。消费者希望商家能够倾听他们的需求，而不是陈列几百种商品供他们选择，并自行承担决策后果。消费者希望可以得到有针对性的个性化建议，并且在建议之上快速分析利弊做出购买决策。

消费者希望做判断题，而不是选择题。供给的丰富，在满足消费者选择欲望的同时，也给判断决策带来了困扰；信息的互动，让消费者在自由获取第三方资讯的同时，承担着分辨真伪的责任。消费者的购买决策之所以会复杂化，其根源就在于传统的商品呈现方式已经无法满足消费者需求。传统的商品陈列方式，无论是传统零售还是电商，都是货架式陈列，消费者自由选择，自由比较，自己承担决策后果。当消费者的经验不足以独立决策判断时，互联网成为获取辅助决策信息的工具。

在互联网时代来临之前，所有的商业活动都是以供给端为主，消费者只能在有限的范围内进行选择。传统营销理念中的 4P、定位理论乃至广告理论，都是为增加供给端销售服务的。互联网的信息交互能力让消费者个性化需求得到释放，细分需求得以社群化，消费也开始由供给导向逐渐转向需求导向。

2. 消费者购物决策需要节省时间

与 2010 年相比，2017 年的购物已经发生了明显的变化：购物不再是用户互联网生活的重心，用户已经跨越了生存需求阶段，进入情感消费阶段。网购作为一种基础消费形式，已经成为大家日常生活中的基础组成部分，人们打开网购 App 的次数越来越少，点开娱乐 App 的次数越来越多。根据中国互联网信息中心最新数据统计：2017 年中国网民总数已经超过 7.5 亿，人均周上网时间达 26.5 小时，两项数据与 2016 年基本持平。电商最大的竞争对手不再是同行，而是一切与电商争夺用户网络消费时长的行业。时间成为互联网最昂贵的货币，消费者每次消费不仅是在支付通用货币，同样是在支付时间货币。

如果从时间占用这个角度出发，内容电商的产生就会变得非常容易理解。传统的商业模式是让消费者从需求出发，自己想象消费对象并实现购买。而内容电商则不是，它是直接将商品需求化放在消费者面前供消费者选择，其中的效率高低，一目了然。内容电商就是帮助消费者节省时间的电商运营方式。

课堂讨论

（1）在购物过程中，你通常如何做出最终的决策？

（2）如果是在购买某件价值比较高的商品时，你希望得到哪些帮助？

1.2.3　内容创业产业迅速蔓延

媒介技术的发展，使得内容创业领域的进入门槛进一步降低。一方面，BAT（百度、阿里巴巴、腾讯）三大巨头在内容发布平台方面都进行了广泛的阵营布局，如图 1-7 所示。内容发布的技术壁垒被打破，借助于移动互联网，任何人和企业几乎都可以零成本、随时随地在这些网络平台上发布内容；另一方面，该领域的专业壁垒也大大降低，大量专业的内容生产者（如传统媒体从业者）正在逐渐参与到互联网的内容生产中来，这有助于创业者和企业生产出更高质量且有吸引力的内容。

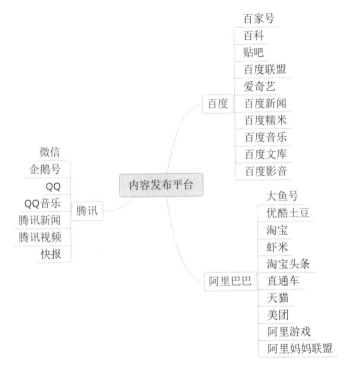

图 1-7　内容发布平台图谱

随着传播格局的剧烈变化，深耕于移动互联网平台的内容创业项目可以通过运营获取海量用户，有些账号的用户规模甚至令很多传统媒体都难以望其项背。这些新媒体传播方式更加多样，传播效果也更加清晰，这些都为内容电商提供了沃土。

（1）你平时在网络上获取信息的方式有哪些？他们各有哪些特点呢？

（2）这些内容平台上的内容都是谁提供的？你有发布过相关内容吗？被阅读和关注的情况怎么样？你觉得现在都有哪些人在进行内容写作和发布？

1.2.4　小众品牌快速崛起

从市场化的角度来说，小众品牌并不是一种可替换品牌，因为可替换品牌非常接近惯用品牌，并没有自己强烈的个性特征，所以它们大多是在惯用品牌不可获得时才会被派上用场。小众品牌的特殊性、稀缺性决定了它极具针对性的定位，于是，从意愿上和现实因素考虑，它不可能与知名品牌一样做规模经济。这就表明小众品牌的产量有限，尤其是全手工制作的品牌，贯彻着"物以稀为贵"甚至"有钱也难买"的逻辑。对立于奢侈品牌、大众品牌等众所周知的品牌，小众品牌的目标群体数量更少、范围更小。于是，它表现出更加精英化、更强针对性、更有人性化、更注重用户体验的特点。

从产品构思上看，小众品牌更加注重得失追求绝对别致、难以复制、辨识度极高的特点，如小众香水品牌在香味及成分上下狠功夫，而不去和大众品牌拼广告、拼包装。目前国内小众品牌主要有以下三种。

- 进口品牌：由于信息不对称，大部分进口品牌在国内都是默默无闻，需要通过推广才能被消费者所认可。

- 自有品牌：创业者迎合消费升级浪潮，自主创立针对细分市场功能提升的独立性新兴品牌。

- 传统品牌复兴：传统品牌根据个性化消费趋势，有针对性地推出细分功能性品牌。

从宣传广告的角度上看，小众品牌的投入比起奢侈品牌、大众品牌真是小巫见大巫。奢侈品靠市场营销支撑，大众品牌靠大规模传媒轰炸渗透消费，前者有足够的单品利润支撑，后者有足够的规模经济效应。那么小众品牌呢？小众品牌对于广告媒体的投入是极少的，它们强调以物品本质来突出其价值，用设计、质量、创意说服消费者，回归最本质却最有具有真实价值的元素，节省宣传成本，省去消费者为广告宣传买单的环节，增加对设计和品质的投入，着实提升性价比。针对细分市场的小众品牌大规模进入市场，崛起之路艰辛，主要是因为以下几个方面的制约。

- 市场预算：大多数小众品牌处于起步阶段，市场预算有限，无力承担常规的覆盖性媒体投放方式所产生的成本。
- 精准投放：由于流量碎片化格局已经形成，寻求合适的精准投放渠道成为关键点。目前投放策略多以入驻电商平台，适度广告投放为主。
- 说服成本：无论采取何种投放策略，对于新品牌，用户说服成本相对较高。传统的广告曝光策略无法全面精准地传递品牌内涵与商品品质。

互联网的互动特性，可以汇聚细小的个性化需求，并形成一定的市场规模。用户购买渠道跃迁成本的降低，为个性化商品的购买提供了便利性基础，个性化小众品牌得以迅速崛起。在这种经营背景下，致力于经营优质内容，以增强互联网自传播，成为大多数品牌的重点市场策略。无论是电商平台内容社区优化、短视频还是公众号投放，都是典型的以内容驱动的媒体投放方式。内容化传播是目前最有效的品牌市场传播方式。

课堂讨论

（1）通过本小节内容的学习，谈谈你理解的小众品牌是什么样的品牌？购买过这种品牌吗？

（2）你认同小众品牌对广告媒体投入少、靠内容创作来打动用户的做法吗？为什么？

总之，内容电商的兴起和当前电商模式的困境、消费者的消费心理升级及当前的互联网环境有极大关系。首先，在传统电商时代，逐利的用户忠诚度不高，哪有补贴往哪走，用户的黏性较低。在传统电商中，供过于求，消费者面临信息爆炸的困扰，消费者需要更方便地找到自己心仪的商品。其次，随着社会生产力的提高和消费能力的提高，部分消费者已经不满足于购买低价、同质性高的商品，他们有购买中高价位、个性化商品的强烈需求。消费心理也经历从功能性、稳定性、易用性升级到创造愉悦性的要求。同时，受尊重及自我实现的心理需求，也逐渐成为电商受众的主要需求。最后，内容吸引大量流量，在流量昂贵的今天是一个非常难得的流量入口，但需要有稳定的变现模式，展示自己的价值。

总的来说，当优质的内容生产者能够生产出用户质量足够高、流量足够大的内容时，需要稳定的变现模式，而电商作为成熟、靠谱的变现模式，需要高质量的用户。也就是说，内容有变现需求，而电商有提高用户黏性需求，两者很容易结合，内容电商随之爆发，如图 1-8 所示。

图 1-8

// 1.3 内容电商与其他电商类型的比较

近年来，除了内容电商变得火热外，各种新兴的电商模式和概念也不断涌现，如社群电商、"网红"电商、微商，这些不同类型的电商与内容电商本身有相似之处，也有差异之处。为帮助大家更加清晰地理解内容电商，我们将内容电商与传统的流量电商以及这些新兴电商之间的差异之处进行比较梳理。

1.3.1 内容电商 VS 流量电商

流量电商，通常大家会把它理解为传统的交易型电商，即以淘宝、天猫、京东、苏宁易购、一号店、唯品会等为代表，以商品运营为核心，以仓储物流配送为基础的电商模式。内容电商与流量电商的不同主要体现在流量来源、消费场景、消费心理、运营重点等方面，如表 1-4 所示。

表 1-4 内容电商与流量电商的比较

比较项目	流量来源	消费场景	消费心理	运营重点
内容电商	优质内容引流	阅读或者观看过程	单独评估、被动接收和找亮点心理	经营用户
流量电商	广告投放引流	购物平台选择商品	联合评估、主动搜索和挑刺心理	运营商品

在流量来源方面，内容电商的流量来源主要是能够与用户进行情感连接的优质内容，而流量电商则主要靠价格不菲的广告带来流量；在消费场景方

面，内容电商的消费者主要是在一种阅读、观看或者互动的内容消费过程中产生的购买，而流量电商则是消费者在货架中挑选自己有购买意向的商品；在消费心理方面，内容电商的消费者是一种单独评估、被动接收和找亮点心理的状态，而流量电商的消费者则是在众多同类产品中的联合评估、主动搜索和挑刺心理的状态，显然，内容电商的转化效果会更好；另外，两种电商模式的运营重点也不同，内容电商重点在于运营用户，根据用户选择商品，而流量电商则更加重视商品本身的卖点、包装和促销。

实战训练

判断表 1-5 电商活动中的商家或者消费者的做法属于内容电商还是流量电商模式，将答案填入表格中。

表 1-5　判断是否为内容电商行为

做法	行为模式
通过增加商品品类，为消费者提供更多选择	
通过在"双十一"这种节日降价促销	
注重与用户进行深度沟通和交流	
消费者在阅读的过程中下单	
消费者更倾向于找商品的闪光点	
消费者的购买重点是商品的性价比，看看是否划算	
消费者一般需要与其他同类商品进行比较后再决定是否购买	

1.3.2　内容电商 VS 社群电商

社群是一群有相互关系的人形成的网络，其中人与人产生交叉关系，通常形成深入的情感连接。社群电商则是指利用社群来为产品传播和交易，以达到商业上的变现。在社群电商里，社群是关系属性，用来流量沉淀；商业是交易属性，实现流量价值。社群内的内容分享是连接个体与个体之间的催化剂，产品是社群得以长久存在的运营动力。好社群通过服务把相同价值观的人聚合起来，让他们乐意为大家认同的好产品消费。

应该说，社群电商与内容电商的概念相近，甚至很多从业者认为社群电商就是内容电商。编者认为两者在经营重点都是以运营用户为中心，对内容的依赖程度都很强。这两点上确实很相近，但也有不同，两者的关系如图1-9所示。

图1-9

具体来说，内容电商与社群电商在运营逻辑、内容规划、用户间关系、运营模式方面有所不同，如表1-6所示。

表1-6　内容电商与社群电商的比较

比较项目	运营逻辑	内容规划	用户间关系	运营模式
内容电商	关注、引导、成交、再关注	内容以销售转化为重点	重视与追随者的情感连接	以线上为主
社群电商	先做社群，再做电商	内容兼顾知识性和传播性	重视社群内成员的交互	线上线下相结合

首先，内容电商与社群电商在运营逻辑方面不同，内容电商强调的是通过做强做好内容，能够形成关注、引导、成交和再关注的商业闭环，而社群电商则先要做强社群才能考虑做电商。其次，在内容规划方面，内容电商越来越以销售转化为重点，而社群电商则会兼顾知识性和传播性。再次，在用户间关系方面，内容电商主要强调内容创作者与用户的情感连接，而社群电商则重视社群内成员的交互。最后，在运营模式方面，内容电商以线上为主，而社群电商往往需要兼顾线上与线下，最好是二者相结合。

课堂讨论

许多内容电商从业者也会建立自己的社群，而且做得还不错，你怎样看待这种现象？内容电商与社群电商能够完全区分开吗？谈谈你的看法。

1.3.3　内容电商 VS "网红"电商

"网红"电商即前端通过"网红"吸引流量，后端对接供应链的电商模式。"网红"带来流量，解决电商流量的成本问题，供应链解决"网红"商品交付能力弱的问题。因为"网红"电商主要为直播或者内容分享模式，其本质也是靠内容变现，可以说是内容电商的一种特殊模式。但"网红"电商又有其自身的特点，因此本书仍然将内容电商与"网红"电商做一个对比，如表 1-7 所示。

表 1-7　内容电商与"网红"电商的比较

比较项目	运营主体	内容形式	信息流动方式	对从业者要求
内容电商	内容电商运营者	图文、音频、视频及直播	一对多、多对多	内容创作达到可阅读的基本要求
"网红"电商	"网红"及幕后团队	直播为主	一对多为主	个人魅力、时尚或专业、影响力和导演力

在运营主体上，因为内容电商的范围更大，其运营主体一般是内容电商运营者，可以包括个人内容创业者、专业内容创造机构、内容平台或者传统电商运营商等，而"网红"电商的运营主体一般会限定在"网红"及其幕后团队。在内容形式上，内容电商的内容形式不限，涉及图文、音频、视频及直播等各种形式，而"网红"电商当前比较流行的形式则是直播，甚至有人将"网红"电商直接等同于直播电商。在信息流动方式上，内容电商强调的内容提供者与用户的一对多、用户与用户的多对多流动，而"网红"电商因为以直播为主，则是一种主播与用户的一对多信息流动方式。在对从业者要求上，内容电商多是具有一定水准的内容创作者，初级从业者创作的内容达到可阅读的要求即可，但"网红"电商对主要从业者"网红"的要求则比较高，至少要求有个人魅力、时尚或专业，还要具备影响力和导演力等，如图 1-10 所示。

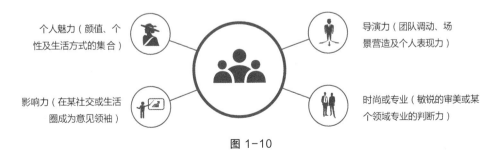

个人魅力（颜值、个性及生活方式的集合）

导演力（团队调动、场景营造及个人表现力）

影响力（在某社交或生活圈成为意见领袖）

时尚或专业（敏锐的审美或某个领域专业的判断力）

图 1-10

随着"网红"经济的发展,一大批"网红"孵化器公司诞生。以如涵电商为例,它是一家在新三板上市的"网红"电商孵化器公司。该公司不但对"网红"进行专业培训,使其成为在粉丝中有较高影响力的精神领袖,更为"网红"提供供应链支持、电商代运营、商业咨询指导等多种优质服务,从而打造出一个从内容生产到社交积累粉丝,再到电商变现的"网红"全产业链。

结合这一案例,请思考"网红"能够使用标准化流程培育出来吗?谈谈你的看法。

1.3.4 内容电商 VS 微商

微商是基于移动互联网的空间,借助于社交软件为工具,以人为中心、以社交为纽带的新商业模式,通常理解为基于微信生态的社会化分销模式。微商是企业或者个人基于社会化媒体开店的新型电商,从模式上说主要分为两种:基于微信公众号的微商和基于朋友圈开店的微商。

微商这个概念是从电商使用的平台和工具角度来定义的,如表 1-8 所示,它与内容电商在内容门槛、运营模式、运营场所及信任基础方面有较大不同。

表 1-8　内容电商与微商的比较

比较项目	内容门槛	运营模式	运营场所	信任基础
内容电商	较高	直接通过内容销售产品	各类新媒体及电商平台的内容频道	基于情感连接的价值认同
微商	较低	兼顾发展代理和卖货	以微信为主的社交平台	熟人关系

在内容门槛上,内容电商对内容的要求较高,低质量的内容不能打动用户,更不能促进转化,而微商在很长一段时间主要靠对产品的描述和赚钱效益等内容来影响用户,门槛较低。在运营模式上,内容电商一般是直接通过内容引导用户产生购买行为,而微商则是兼顾发展代理商和卖货来产生效益。在运营的场所方面,内容电商主要在各类新媒体及电商平台的内容频道开展业务,而微商主要在以微信为主的社交平台通过发朋友圈或者状态来开

展业务。在信任基础上，两者也有不同，内容电商强调基于情感连接的价值认同，这种信任一旦建立，通过交互可以不断强化，而微商主要是利用熟人关系来进行销售。

课堂讨论

　　《外滩画报》前执行主编徐沪生创办了微信公公号"一条"，以一天一条的频率为用户推送带着浓浓海派范儿、介绍优质生活方式的原创短视频。尽管"一条生活馆"卖的都是不食人间烟火的高端低频商品，但仍然在一周内卖掉几十套单价高达三四万元的音箱。

　　央视前主持人罗振宇创立了个人微信公众号"罗辑思维"，每天与粉丝分享新奇的逻辑思维和饭桌谈资。罗振宇每周五都会推荐一本书，这本书同时上架"罗辑思维"微店，每次均毫无悬念地快速售罄，年销售量堪比一家大中型书店。

　　你认为"一条"和"罗辑思维"属于内容电商模式还是微商模式？为什么？

　　尽管本书对内容电商以及相关概念做了相关梳理和比较，但由于它们都还在不断发展之中，所以读者不必过多纠缠于概念、特征等学术辨析，而能够从务实的应用角度出发，针对当前更多的内容电商现象、案例和模式做更多关注，从而提升内容电商的运营技能。

02 Chapter

第 2 章
内容电商之运作模式

通过阅读本章内容，你将学到：

- 基于 UGC 的内容电商模式案例及运作模式
- 基于 PGC 的内容电商模式案例及运作模式
- 基于电商平台的内容电商模式案例及运作模式

要想成为一名合格的内容电商从业人员，除了知道什么是内容电商、了解内容电商的特征以及与其他类型电商的差别以外，还需要学习和掌握内容电商的运作模式。根据内容生产的主体不同，有人把内容电商分为用户生产内容（User-generated Content，UGC）内容电商、专业生产内容（Professionally-generated Content，PGC）内容电商。这种划分方法有一定的道理，但本书观点认为，内容电商化趋势让 UGC 和 PGC 内容生产者通过内容与用户发生连接进行电商运作；电商内容化趋势又促使传统电商（如淘宝和京东）不断通过内容生态的营造来进行电商运作。因此，"内容电商化"与"电商内容化"两个驱动力已经形成了三种类型的内容电商模式，它们分别是基于 UGC 的内容电商、基于 PGC 的内容电商和基于电商平台的内容电商。本章将分别介绍其运作模式。

// 2.1 基于 UGC 的内容电商

基于 UGC 的内容电商是指内容平台通过各种分成或者激励政策吸纳内容创作者加入并积极进行内容原创，使用户在阅读内容的过程中实现内容变现。在这种内容电商模式下，内容平台本身不生产内容，负责主导内容的聚合、分发、变现及利益分成，内容生产者往往依附于平台，负责生产各种图文、视频或者直播等内容。

近几年移动端流量"爆炸"，促进了新媒体内容产业高速发展，加上 UGC 内容平台用户体验好、流量高，很多内容创作者纷纷入驻，比较典型的代表平台有今日头条、微信公众号、大鱼号、百家号、企鹅号、斗鱼直播等。本节将以今日头条和斗鱼直播为例来阐述基于 UGC 的内容电商的运作模式。

2.1.1 经典案例回顾

1. 今日头条案例回顾

今日头条是一款基于数据挖掘的推荐引擎产品，为用户推荐有价值的、个性化的信息，连接人与信息的新型服务平台。今日头条以用户为中心，对用户社交及其阅读行为进行分析，根据其年龄、职业、地理位置、阅读行为等基本信息挖掘出兴趣点，通过社交行为分析，解析出用户关注点，通过用户行为分析，更新用户兴趣模型，建立用户的基础兴趣图谱，完成千人千面的个性化的资讯推荐。

庞大的内容创业者群体是今日头条的重要特色之一。今日头条为增加内容生产的原动力，扩展内容丰富度，提升内容质量，为大量的传统媒体以及自媒体内容创作者提供平台，开设"头条号"。"头条号"是以今日头条提供的平台为信息出口，为各种类型的组织和自媒体内容创作者提供的信息平台。头条号创作的资讯可以借助今日头条的巨大流量入口获得高效率的曝光。头条号总数超过 120 万，创造超过 48 亿次内容消费，微头条入驻的明星、名人、"大咖"已经超过 5000 人，累计的各类认证用户已经超过 8 万个，如图 2-1 所示。

图 2-1

（1）内容构成

今日头条 App 的内容主要由四部分构成，分别是图文、短视频、问答和微头条，如图 2-2 所示。其产品内容涵盖了新闻资讯、生活百科、视频、购物、游戏等，可谓是移动生活助手。

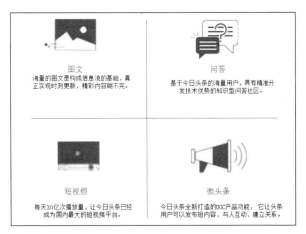

图 2-2

① 图文。图文主要是新闻资讯版块，是今日头条的基本功能，也是用户最常用的版块，位于今日头条的首界面。启动今日头条程序后，首先进入

新闻资讯版块。用户首次登录今日头条时，系统会提供频道界面，便于系统判定用户的兴趣点。

如果用户想快速获得个性化的阅读界面，可以通过微信、微博或者注册今日头条账户进行登录，系统会根据每个用户的基本资料如职业、年龄、地理位置、阅读行为等推断该用户的兴趣点。通过用户社交行为分析计算用户兴趣，通过用户在线阅读行为分析更新用户模型，在给用户推送精彩内容的同时带来许多符合兴趣的新闻，单次提供的新闻数量为7～14条，相比同类资讯精简了3～5条，减少用户的阅读负担。

② 短视频。短视频版块是今日头条App的第二个主要版块。此版块内容的主要表现形式是视频，页面位置可以罗列两个视频，简洁清晰，如图2-3所示。每个视频的抬头会有视频来源，同时增加用户评论与转发分享的功能。视频版块有多个频道可以供用户自由选择切换，如音乐、电影、小品、搞笑、社会等内容都会以短视频的方式表现。视频时长一般在5分钟以内，符合碎片化阅读时代人们对信息和资讯快速筛选和阅读的需要。

用户在今日头条不仅可以获得个性化推荐的新闻资讯内容，同样也可以根据每个人的视频浏览记录建立用户兴趣图谱，为用户推荐个性化的视频内容。同时，用户也可以在海量的视频资源中主动搜索自己感兴趣的视频，在社交平台进行转发分享。视频频道中有一个频道为火山直播，是今日头条的视频直播功能。此外，今日头条在视频版块的布局上还开发了比较有特色，定位鲜明的三个视频App，分别是西瓜视频、抖音短视频和火山小视频等，其定位与特点如图2-4所示。

图 2-3

图 2-4

③ 问答。问答版块是今日头条第三个重要的版块，它的内容展现在今日头条的问答频道中。随着问答版块的壮大，专业的产品"悟空问答"也正式推出，如图 2-5 所示。基于今日头条的用户基础和人工智能技术，悟空问答创造了一个能容纳所有人的社会网络。在这里，人们可以毫无障碍地分享他们所拥有的信息、经验、知识和观念。同时，大数据和智能技术把所有人联系在一起，让问题和答案以高效、精准、可靠的方式在网络中流通，最终，它们都会抵达需要的人们手中。在问答版块，用户可以自由提问，也可以邀请他人回答感兴趣的问题。

图 2-5

④ 微头条。微头条是今日头条全新打造的 UGC 产品。它让头条用户可以发布短内容、与人互动、建立关系。

微头条的账号与头条号相互打通，为创作者提供与粉丝高频互动交流的平台，让头条号文章触达粉丝的概率更高。微头条增加了社交分发的机制，让内容分发的链条变得更完整。对于创作者，微头条帮助他们迅速圈粉，保证内容高效触达粉丝，从而让他们的今日头条账户更有价值；对于普通用户，他们也跳出了"读者"的单一身份，可以在今日头条拥有一些社交的场景，与喜欢的明星名人和内容创作者互动。

以上四大版块为今日头条 App 的主要内容布局。正是以这些内容的存在为前提，以技术算法搜索推荐为武器，今日头条才在市场中脱颖而出。

（2）内容分发

今日头条的内容分发基于其大数据算法对用户进行个性化推荐。通过对海量用户数据进行深度挖掘，今日头条不仅能够为每个用户按兴趣推荐信息，还能为用户按照需求推荐产品。

在分发内容的过程中，要用到如机器学习、自然语言处理与理解、安全与隐私及计算机视觉等技术，如图 2-6 所示。在丰富多样的实际应用场景，利用海量数据及更为完善的训练样本让分发算法更加精准和科学，在人、数据、算法、内容之间形成完整的反馈闭环。

图 2-6

（3）内容变现

今日头条的主要营收渠道有以下几个。

① 广告投放。广告收入是今日头条产品运营的核心收入。今日头条针对用户的需求进行精准的广告投放。例如，向喜欢美食的用户推送花样厨具以及菜谱的产品信息，向重视健康的用户推送空气净化器等养生产品信息。今日头条后台根据产品特征、用户需求特征、环境特征等数据，进行个性化的组合推荐。今日头条的广告投放渠道主要有以下四种。

一是启屏广告。用户打开今日头条 App 时 3～5 秒的广告投放位，对其感兴趣的用户可以直接点击进入广告主想让用户看到的品牌页面，如图 2-7 所示。

二是信息流广告。信息流广告强调需求优先，精确到用户地域、年龄、性别、兴趣标签和时间，也称为原生广告。信息流广告作为信息的一部分被进行个性化推荐，可以像信息一样分发。信息流广告不受展示位的限制，如同新闻资讯一样是流动的，流向感兴趣、有需求的用户，如图 2-8 所示。信息流广告具备可读性和可服务性，用户更容易接受，使广告的转化率更高。

图 2-7   图 2-8

三是详情页广告。详情页广告通常位于资讯全文结尾的下方，并写上"广告"两字，以一张图和一句话介绍，点击后跳转到广告页面，如图 2-9 所示。

四是图集或者视频广告。用户在多次阅读相关品牌的资讯后，图集或者视频资讯内容中会出现相关品牌或者产品的购买链接或者详情介绍等。某自媒体发布了一个 9 张图集，在图集的末尾出现了某牙齿种植广告，如图 2-10 所示。

② 线下引流利润分成。今日头条庞大的用户基数可以为品牌商提供不同的营销入口。今日头条在产品相关版块嵌入有关服务商的购买网址或者联系信息，有需求的用户可以在点击进入后直接在线下单购买或者咨询，今日头条进行渠道引流分成。

如今日头条信息频道中的汽车频道，用户进入汽车资讯页面后，页面的顶部横栏也会出现"车型大全""热门车型""小视频""车主服务"等链接入口，如图 2-11 所示。点击"热门车型"后，用户可以向汽车经销商询问价格。这种区域性版位的广告形式的优势在于，既找准需求用户进行精准营销，不影响无需求用户的阅读体验，同时提高了品牌商的成交率，降低了成本。对今日头条来说，既提升了用户体验，又提升了品牌影响力。

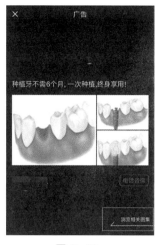

図 2-9　　　　　　　　　図 2-10　　　　　　　　図 2-11

③ 与电商平台合作电商运营。今日头条与电商平台合作创建了头条商城。用户点击进入头条商城后，有许多电商业务，如今日特卖、放心购等，如图 2-12 所示。今日特卖商品的链接地址为淘宝、天猫、苏宁易购和京东等平台的商品链接，如图 2-13 所示。放心购是今日头条 2017 年 6 月开启的直接对外招商进行电商运营的业务，如图 2-14 所示。

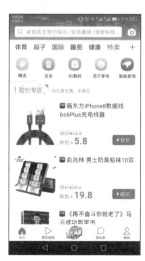

図 2-12　　　　　　　　　図 2-13　　　　　　　　図 2-14

综上所述，今日头条的盈利模式有很多，除了信息分发之外，它还有很强的商业化能力，并且已经实现了变现能力。

除了今日头条外，当前市场上的新闻客户端有哪些？它们的功能有哪些异同？

2. 斗鱼 TV 案例分析

斗鱼 TV 是隶属于武汉斗鱼网络科技有限公司的一家致力于为大众带来欢乐的直播分享网站，是国内直播分享网站中的佼佼者。

斗鱼 TV 以游戏直播起家，如今走直播多元化、内容精品化的发展道路，在现有基础上把直播平台拓展为包含游戏、科技、户外、体育、音乐、影视等集众多热点为一体的综合直播平台。

（1）内容构成

斗鱼 TV 的定位就是每个人的直播平台。这种定位决定了其内容是以 UGC 方式生产为主，即用户以游戏、音乐以及其他内容素材实时展示、解说自己或者他人的游戏过程或音乐等服务。通过网络直播生产的内容形式多样化，种类繁多，可以更好地满足市场的需求。直播内容的生产会根据市场需求定制化，市场需求方有更大的选择权。另外，网络直播生产的内容具有即时性，这也是直播与其他媒体的区别之一，用户能第一时间接收信息，时效性高；可以跟用户有高强度的互动，内容生产者能最及时地根据用户反馈改变内容，用户体验更好。

斗鱼 TV 除了直播外，还有一类内容就是视频，用户可以将自己录制的视频上传到平台上。这类视频内容主要也是符合斗鱼 TV 内容定位的游戏和泛娱乐类内容。

（2）内容分发

斗鱼 TV 的内容分发主要还是在平台内进行展示分发，用户看到喜欢的内容也可以通过社交媒体进行站外转发分享。

在平台内部的内容分发，最初的列表排序主要依据直播间的用户数及留存等因素，加上一些诸如置顶、热点内容优先的运营策略来确定。这种方式基本可以让用户挑选出质量较好的主播。但随着用户量的增长，头部集中的问题就慢慢显现出来了，大部分用户集中在少数几个人的直播间里，其他的主播很难被看到。为了解决这一问题，平台采用千次曝光收益（Revenue Per

Mille impressions，RPM）这一指标来作为流量分配的依据。主播的曝光是平台的成本，相应的转化，如点击、评论、关注、礼物等就是平台的收益。

为了提高 RPM，需要给每个主播定一个合理的曝光量，具体方法是所有来平台开播的主播都给予一个基础的流量曝光，然后得到一个考核的指标，就像考试一样，给一个分数，如果分数不错，那么就再增加曝光，如果依然表现不错，就继续增量上涨；如果表现一般或不行，就停止流量的增加，以此来动态确定一个主播的合理曝光量，提升平台的 RPM。

（3）内容变现

斗鱼 TV 的内容变现主要也有四种方式：一是广告收益，二是打赏抽成收益，三是游戏联运收益，四是电子商务收益。

广告包括原生广告和普通广告。原生广告将内容植入直播，是一种新的消费者体验，是一种互动的广告，是以消费者平常的使用习惯切入，没有隔阂地成为消费者的原有体验。普通广告则是传统的文字链接广告和图片展示广告。

打赏抽成收益是指在用户用现金购买虚拟礼物送给喜欢的主播后，主播将礼物变现时平台抽成的那部分收益。

游戏联运收益是指平台通过与游戏厂商合作推广运营某款游戏，获得的收益按照一定比例进行分成的收益。

电子商务收益是指平台或者主播自身通过与品牌方或者电商商家合作，通过直播售卖商品的分成收益。

实战训练

搜索大鱼号，看看大鱼号的内容构成、分发和变现，与今日头条及斗鱼 TV 是否类似，将三个平台的结果序号填写在表 2-1 中。

表 2-1　内容平台比较

平台名称	内容构成 1. 图文；2. 视频； 3. 问答；4. 直播	内容分发 1. 随机分发； 2. 算法推荐	内容变现 1. 广告；2. 电商； 3. 抽成；4. 赞助
今日头条			
斗鱼 TV			
大鱼号			

2.1.2 运作模式解析

1. 运作模式梳理

通过对今日头条和斗鱼 TV 的案例进行分析不难发现，在 UGC 内容电商模式中，内容经过生产环节、分发环节和变现环节，在内容提供者与用户之间自由流动实现价值收益，这三个环节的运作过程如图 2-15 所示。

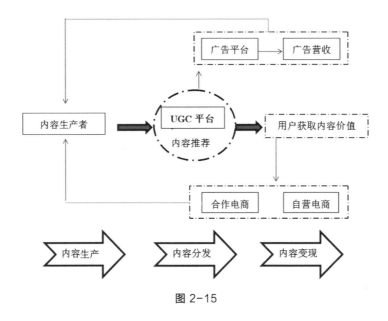

图 2-15

（1）UGC 平台的内容生产。UGC 平台是自己不生产内容的内容平台，让用户在平台中生产内容。例如，今日头条推出开放的内容生产与分发平台——头条号，让用户自主生产内容。斗鱼 TV 平台也鼓励个人在平台上进行直播生产内容。

（2）UGC 平台的内容分发。UGC 平台往往需要通过大数据技术进行用户画像、品牌画像和场景画像，通过对各渠道内容进行分析，利用技术不断优化内容与用户的精准匹配，并结合合适的场景推荐相关品牌或者产品的广告或者购买信息。

（3）UGC 平台的内容变现。一方面，UGC 平台通过将优质内容和与内容相贴合或者符合用户需求的广告准确地匹配给用户，从而通过各类广告实现内容变现。另一方面，它还积极探索直接商品销售的变现模式，通常有两种模式：一是通过与电商平台合作，进行电商导购的内容变现，如今日头条的今日特卖频道；二是自营电商，即利用平台强大的流量和用户黏性，自主招商，严格选品，组建自己的供应链系统，开展电商。

基于 UGC 的内容电商模式中，内容变现有很大一部分还是靠广告实现的，这种广告算是内容电商的"内容"范畴吗？谈谈你的看法。

2. UGC 内容生产要点

基于 UGC 的内容电商要运行下去，除了平台的技术优势外，源源不断地生产优质的内容也是其存在的基础。作为内容生产者，在进行内容创作时要注意以下几点。

（1）跟着用户需求走，不要自娱自乐

根据用户的需求，一是生产出他们真正需要的内容，这样才能跟用户连接起来，而不是一味地通过主观生产去赚取流量；二是去经营目标用户多、需求多的市场。内容好不好除了内容本身的价值外，还在于它是否能被人们反复使用，二者缺一不可。有了价值，自然而然就有了效益。内容是有价格的，但是这个价格是多少，取决于你对用户需求的把握。每一个内容生产者要让自己的内容被读者认可并传播，都要做好这一点。

（2）坚持原创，走出同质化

目前行业内对原创内容愈加重视，原创内容正成为各 UGC 内容平台竞相争夺的对象。好东西是不会被掩盖的，而复制抄袭迟早会被平台和粉丝集体抛弃，只是时间问题。在内容为王的时代背景下，要打破同质化的困境，原创是唯一的出路。虽然艰辛，但能使内容生产者走得更长远。

（3）打造个人 IP，形成独特标签

在满足用户需求的基础上打造个人特色，形成独特的风格，才能实现长期效益。受众的口味日新月异，单纯的生产不仅难以满足用户需求，还会让生产者筋疲力尽。只有有了自己的 IP，才有核心竞争力，才能保持受众的好感度，让受众记住你。要在激烈的竞争中实现流量变现和可持续经营，这是关键。像每一个热点新闻出来都有许多人对其进行评论，只有在热点中有独特的观点，有独特的思想和见解，为用户带去思想上的启迪或情感上的共鸣，才能为大众所吸引。每一个自媒体从业者要想在自媒体行业中立足生存，都要努力形成个人 IP，才能实现可持续经营。

课堂 讨论

作为在 UGC 内容平台上的内容生产者，除了少数人以外，绝大多数创作者的内容阅读量并不高，你觉得可能的原因有哪些呢？

2.1.3 模式特点总结

通过对基于 UGC 典型案例的分析和对运作模式的解析，不难看出这种内容电商模式有以下特点。

1. 搭建智能信息分发平台

搭建智能分发平台是用户的价值需求。在信息繁杂的大背景下，用户希望有价值的信息可以直接呈现。并且在快节奏的现代社会，碎片化的阅读习惯需要一个智能的信息平台来根据场景进行个性化推荐。

精准传播时代需要打造智能分发平台。在信息过载时代，精准传播应运而生。精准传播是以用户的需求为中心，基于互联网和大数据为用户打造满足个人需求的定制化的信息。而智能分发平台为信息的精准传播提供可能，平台采用机器算法推荐代替传统的人工推荐的方式，通过点对点的传播，以机器为主导去中心化、平民化地传播，实现信息和用户需求的智能化匹配。

2. 建立内容生态提升内容质量

源源不断的优质内容供应是基于 UGC 内容电商生存的基础。建立内容生态是不错的解决方案。所谓生态是指事物良性可持续发展的一种状态，而内容生态是指内容生产平台在运营中做到生态化发展。对于 UGC 平台来说，内容生态的主体有多个，分别是信息的生产者、信息的阅读者、内容平台和品牌商。只有内容主体之间相互和谐发展，才能实现内容生态。

例如，今日头条所建立的内容生态目前已经初具规模。今日头条绝大部分资讯来源于在今日头条上注册有头条号的内容生产者。据调查显示，今日头条将近 75% 的资讯内容来源于入驻在其平台的内容生产者，而只有 25% 的内容来源于各大平台的资讯汇集。在这种模式中，今日头条不仅发挥了聚合类新闻平台的基本优势，并且积极鼓励原创内容，发展 UGC 模式，让用户来寻找用户，让用户的原创内容聚拢同一兴趣领域的其他用户。丰富优质的内容才能提升用户的活跃度和黏性。

3. 打造移动社交功能

在新媒体时代，信息是否被分享是衡量信息价值的标准之一。分享就意味着信息到达的受众能够成倍地增长，同时分享精神也是互联网时代的基本精神。打造移动社交 UGC 平台既可以向用户传播优质内容，又可以为用户的二次传播提供人际空间。用户在浏览各种内容的同时，也可以即时将信息分享到自己的朋友圈；既可以进行自我形象管理，又可以以观点交友、以内容论道。今日头条的微头条已经实现了社交功能，斗鱼 TV 用户目前只能关注他人，还不能互加好友，但在过去的 2017 年已不断有消息放出其会增加社交功能了。

在打造 UGC 平台的移动社交功能时，建议不要局限在自身平台中。首先，与当下流行的社交账号间打通。在登录方面，允许用户使用微博、微信等第三方社交平台账号快捷登录；在浏览内容方面，允许用户进行评论、转发、分享到社交平台，以增强信息传播的速度，增加信息的覆盖面。其次，将社交平台的好友关系转移到平台内。当用户使用第三方社交平台登录后，系统后台自动抓取用户已存在的好友通讯录，对同时使用新闻 App 的好友优先推荐好友关注。同时，系统也会向用户优先推荐好友关注的内容以及朋友圈中热议的内容，更快地吸引用户的兴趣。最后，在其平台上开设用户主页以及用户自我形象管理的空间，鼓励用户在空间内保持活跃度，同时请"大咖"、明星或者意见领袖在新闻平台带动用户的活跃度与黏性。用户之间可以彼此添加关注并在新闻平台成立好友关系，同时在自己的空间内可以转发内容、发表观点。

4. 电商变现之路还在不断探索中

内容电商是个细活，如果仅仅是在内容推荐中给电商平台导流，还不是严格意义上的内容电商。良好的内容电商运作要求零售终端与内容生产者通力合作，将内容平台与用户体系打通，整合并打通多平台、多场景的大数据资源，更加精准地描绘用户画像，根据用户行为推荐感兴趣的信息，同时帮助品牌方进行更高效的广告投放和归因分析。

// 2.2 基于 PGC 的内容电商

UGC 和 PGC 的区别本是指有无专业的学识、资质，在所创作内容的领域是否具有一定的知识背景和工作资历。但在实际的内容创作中，二者并没有明显的界限，有些时候，PGC 是 UGC 中的一部分，只是这部分内容相当精彩和稀缺。本书认为基于 PGC 的内容电商是指通过提供更高质量的、具有品牌调性的、人格化的内容，与消费者建立情感连接，以用户运营为中心的内容电商模式。

在 UGC 平台中逐步脱颖而出的头部内容创作者非常有可能发展成为 PGC 生产者。他们的主要差别就在于后者能够直接与用户沟通，并且对用户具有较强的影响力。通俗地说，普通内容创作者通过自身品牌的经营，影响力逐步提升，粉丝越来越多，他就可能会跳出 UGC 平台的限制，自主创建一套个性化的内容生产、内容分发和内容变现的运作模式。例如，罗辑思维、papi 酱、秋叶大叔、咪蒙、一条、二更、虎扑识货、玩车教授等，大多数都是在 UGC 平台上逐步成长起来的自带流量的 PGC 生产者，他们有些还在尝试各种内容变现，有些已经形成了比较清晰的变现模式，如罗辑思维、玩车教授。本节将以罗辑思维、玩车教授为案例讲解基于 PGC 的内容电商运作模式。

2.2.1　经典案例回顾

1. 罗缉思维案例回顾

（1）发展历程

2017 年 11 月 8 日，罗辑思维入选"时代影响力·中国商业案例"Top30。罗缉思维从创始之初至今已经 5 个年头了，其发展大事件如图 2-16 所示。

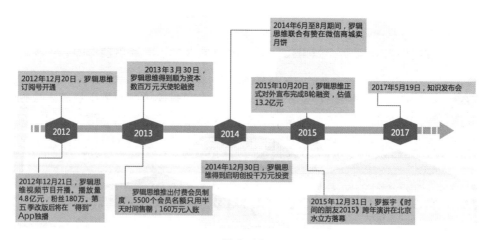

图 2-16

从罗辑思维的重要时间节点及事件来看，罗辑思维的内容产品从早期的网络知识脱口秀视频节目、订阅号到后期孵化出的"得到"App，前期依靠罗振宇的个人品牌积攒的大量粉丝成为"得到"初期的主要流量来源；变现方式也从早期的会员增值服务、实物电商发展到知识服务电商。

（2）内容生产与布局

罗辑思维的内容主要由公众号、脱口秀、图书、微刊和"得到"App 构成，其具体情况如表 2-2 所示。

表 2-2　罗辑思维的内容构成

内容产品	简介	影响	形态	传播平台
罗辑思维公众号	每天早晨推送一条 60 秒语音，语音结束时一般会提供一个关键词，回复关键词即可阅读相应文章。文末加一小段名为"罗胖曰"的感悟	每天早上准时推送语音，体现"人生伴侣"的定位	语音+图文	微信
罗辑思维脱口秀	在节目中，罗振宇分享个人读书所得，畅言古今，点评当下。每周一集，每集约 45 分钟	核心内容之一。累计播放过亿，集均播放超过百万，评论数很高，评分 9.6 分	视频	优酷土豆、网易
罗辑思维图书	罗辑思维节目的汇编	曾 3 天内预售超过 3000 本，位居当当、亚马逊、京东畅销书排行榜前列；30 天内 5 次再版，引发媒体关注	图书	书店（线上线下）
罗辑思维微刊	《罗辑思维》微信公众账号的电子杂志版，是其推送内容的集合	出过若干期	电子书	阅读客户端
得到	致力于帮助用户碎片学习、终生学习，并帮助多行业头部专业人士进行个人能力价值变现的内容付费平台	内容付费领域的明星产品	音频+电子书+实体书	App

在这些内容中，"得到"App 是罗辑思维现阶段运营的重点，该款内容产品为用户提供最省时间的高效知识服务，即适应用户碎片化学习方式，让

用户短时间内获得有效的知识。

"得到"App 中的内容类型，分别有听书、电子书、商城和订阅专栏，其重点内容为电子书和订阅专栏，如图 2-17 所示。电子书的创作门槛低，可以持续提供大量内容。其内容定价低，用户接受度好，用户短时间内获取整本书的精华内容，可以为快餐类阅读用户提供便利。订阅专栏由"大咖"撰写，具有比较强的市场号召力，单价高，收益价值大，而且多为系列性内容，可以不断更新。用户订阅后，可持续为 App 提供活跃度和访问量，属于高端付费产品，有利于提升平台的形象。

图 2-17

（3）商业模式探索

罗辑思维的商业模式探索大致可分为以下四个阶段，不同阶段罗辑思维的运营重点也不相同。

① 自媒体品牌的打造阶段。这一阶段主要输出脱口秀视频并在微博和微信上进行推广，积累口碑，甚至在新浪微博上@罗振宇，多半能得到本人的回复。罗辑思维最初几期的内容均由团队自己策划完成，吸引了大量观众。但罗振宇在视频节目中也承认，由于自身知识局限，仅仅靠团队，很难保证罗辑思维长期高品质内容的生产。

这个阶段给自媒体内容创作者的启示有：顺应时代的浪潮往前走，并做出一些异构的特性，让用户能够很清晰地把你从芸芸众生中辨识出来；死磕自己，保持节奏，公众号发展了五年多，60 秒语音和跨年演讲都成了罗振宇的标签；如果想在某个方向上构建自己的未来，就要全情、专业投入。

　　② 知识社群的形成阶段。有一定品牌知名度后，罗辑思维开放内容投稿功能，用户可以与罗辑思维进行互播，让用户踊跃创作，知识社群的形态已经形成。一方面，罗辑思维给用户做内容输出，另一方面，罗辑思维也通过用户的贡献，积累了相当多的热点和素材。

　　这个阶段，罗辑思维主动或被动尝试社群会员付费、与网易有道云笔记等商务合作、提供卖柳桃等营销解决方案，不断探索变现模式。每个 PGC 内容生产者经过第一阶段有了一定的用户和流量之后，都会去做各种尝试来实现商业变现。

　　③ 可持续化盈利模式的探索阶段。罗振宇曾在公众场合说："我就是卖书的，埋没在电子商务网站的好书实在是太多了，而我最大的特点就是能够把书读薄，再讲给观众听。"罗辑思维推荐过的大部分书都变成了畅销书，于是自己也开始尝试卖书。罗辑思维按照产品的运营思路去卖书：首先去发掘好书。有的书本身虽好，但大众并不了解，也不知道好在哪，于是罗辑思维买断一段时间的版权，独家销售，不打折，保证利润。

　　在这个过程中，罗辑思维自己出设计、自己写文案，保证产品的设计感和调性。团队花大力气去发掘选题和闪光点，用讲故事的方式讲出来，告诉用户书好在哪，怎么去读，读了会有哪些收获等。如果讲述中有打动用户的地方，用户就会买书来细读，以获取更为体系化的知识。这是一套完整的产品逻辑，其中最重要的因素之一就是用户体验。这一阶段，罗辑思维砍掉了大部分商业合作，开始专注在电子商务上，卖书成了罗辑思维一个稳定的营收点。

　　④ 知识付费产品的运营阶段。2015 年的 11 月，"得到"的安卓版本上架了锤子的应用商店，罗辑思维开始构建自己的知识产品。最初的"得到"以免费的音频和文章阅读，通过内容更新和自然传播，获得了几十万用户。随后，罗辑思维倾全团队之力，用最优秀的内容和运营人员，找各个知识领域最优秀的知识人，开始打磨知识产品。2016 年 6 月，第一批付费专栏上线，除了罗振宇自己外，罗辑思维开始推出经济、财富、艺术、商业等各个领域的付费专栏，每个专栏的订阅费用都是 199 元/年，目前最多的专栏订阅人数超过了 16 万，为知识付费的人数超过了 100 万。

　　这个产品的推出，把罗辑思维带到了一个全新的领域。罗辑思维不再是自媒体，不再依赖第三方平台，不再卖流量，而成了一个综合知识服务产品提供商。"得到"成了罗辑思维的锚点，这是一个统一的入口，现在和未来所有的知识产品都在围绕着这个产品进行构建。

2. 玩车教授案例回顾

（1）发展历程

玩车教授也是一个从 UGC 平台发展起来的 PGC 内容电商创业者。2014年，创始人姚俊峰从拿到第一轮融资 300 万元创办"玩车教授"微信公众账号至今，已经获得"第一汽车新媒体"的称号，其发展历程如图 2-18 所示。创立四个月，微信端日新增用户突破 2 万人；不到半年，实现了 2000 万营业额，并再次获得融资 1200 万元；2016 年微信端注册用户突破 530 万人，全网日均辐射 1300 万用户；直至今日仍是当之无愧的汽车类新媒体第一品牌。

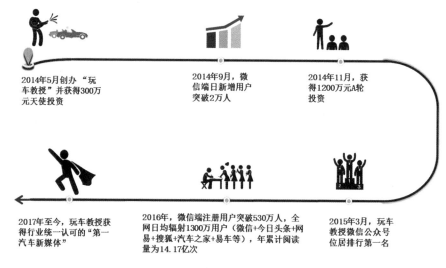

2014年5月创办"玩车教授"并获得300万元天使投资

2014年9月，微信端日新增用户突破2万人

2014年11月，获得1200万元A轮投资

2017年至今，玩车教授获得行业统一认可的"第一汽车新媒体"

2016年，微信端注册用户突破530万人，全网日均辐射1300万用户（微信+今日头条+网易+搜狐+汽车之家+易车等），年累计阅读量为14.17亿次

2015年3月，玩车教授微信公众号位居排行第一名

图 2-18

（2）内容生产与布局

确立方向后，创始人姚俊峰对"玩车教授"做了清晰的用户定位，坚持每天输出内容，附带购车咨询等个性化服务。一段时间后，玩车教授开始得到大量用户的认可。经过几年的发展，玩车教授已经从单一的自媒体品牌变化成为一个汽车领域的媒体产品矩阵，如图 2-19 所示。其中综合内容是玩车教授，导购版块是车买买，在视频方面有玩车 TV，这三大版块构成了整个内容核心。

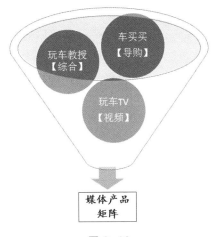

图 2-19

在内容生产方面，玩车教授分析用户热点，创作优质内容。早期通过跟用户聊天，把聊天的观点、用户的需求总结出来，作为内容的素材。用户增长之后，就借助数据分析工具分析用户热点，每周将推荐量、阅读量、评论量、收藏量、转发量进行数据化处理，从中了解用户每一个星期或者每一个月都在关注什么话题，用户关注的话题快到每个星期都在变化。另外，利用自媒体写作平台的引擎也可以发现用户的喜好，如利用头条号的引擎可以分析用户的喜好标签，这样在创作内容时可以客观地运用这些数据去评估、分析以及定制。

在内容分发方面，玩车教授建立自媒体矩阵，不只在一个平台进行分发，而是入驻了十几个内容平台。针对一些重点的平台，把用户进行了划分，成立了不同的编辑内容团队做对应的内容。例如，分别针对手机淘宝、玩车教授网站、今日头条、微信、一点资讯以及汽车之家等入口经营内容。各个入口带来的价值不同，粉丝阅读每篇文章的目的可能也各不相同，例如，手机淘宝上带来的客户，其购车目的最为明确，有些读者则是针对购车后的维修市场，或是购车时买保险等目的来搜索文章。

（3）商业模式探索

早期玩车教授一方面是靠广告营收，如为丰田汽车打造的品牌推广项目，特别强调丰田质量过硬的特点，进行公共性话题营销，最后达成超过 600 万点击量，整个项目的广告收入是 150 万元。另一方面，通过玩车教授、车买买、玩车 TV 聚集有购车需求的用户，再将这些用户对接给线下 4S 店及汽车经销商，玩车教授在此过程中为其提供服务，帮助用户买到合适的车，并从中向用户收取一笔手续费。

经过一段时间的探索，玩车教授开发出媒体广告、车品电商、购车服务、报价查询四个变现产品。用三大内容版块吸引用户，发现用户需求，然后通过后面的四个产品完成变现。其商业模式逻辑图如图 2-20 所示。

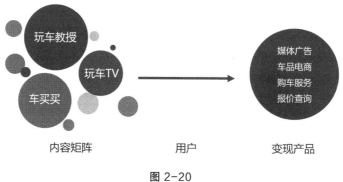

图 2-20

对比罗辑思维和玩车教授的案例中，它们在内容电商的模式探索上有哪些相似之处和不同之处呢？

2.2.2 运作模式解析

从以上罗辑思维和玩车教授的案例中可以看出，基于 PGC 的内容电商模式更加灵活多变。这种模式的运营主体多半是从一般的内容创作者逐步成长为自带流量的个人品牌后，才开始不断探索商业变现的运作模式。这种模式运作的要点通常有以下几点。

1. 内容创作有"魅力人格"

在自媒体时代，随着内容渠道的垄断性被打破，用户可以接触到的内容总量变得越来越庞大，于是内容变得不再稀缺——尽管它们在质量上良莠不齐，但无论是"良"的内容还是"莠"的内容，其可选范围都非常广。由于观众的层次、偏好等涵盖的范围很广，所以内容的质量并不是吸引用户的唯一因素。真正吸引用户的是符合其层次、偏好，能够激发其共鸣、引发其认同感的内容，这样的内容才是具有稀缺性的——即内容的"魅力人格"。由此，在形式上具有浓郁个人色彩的自媒体十分适合成为展现"魅力人格"的载体。

罗辑思维在做好内容的基础上，更注重全方位地去为品牌塑造丰满的、吸引人的性格与内涵。例如，通过内容的筛选展现出品牌的特定内涵，即产品的"魅力人格"——倡导独立、理性的思考，旨在打造一个凝聚着爱智求真、积极上进、自由阳光、人格健全的年轻人的互联网知识型社群。可以说，罗辑思维表面是传播知识和观点，其本质却是在传播价值观，因为只有价值观层面的认同才能形成巨大的人格魅力影响。如玩车教授，正如其名，对车是抱着娱乐、好玩、有趣的心态来做专业的内容，用户会觉得玩车教授既专业又有趣。

2. 将"受众"视作"用户"

新媒体环境下，将内容受众定义为"用户"，通过丰富的互动来增强用户的参与感，激发用户展现出多元化的性格与能力，从而全方位地了解真实的用户。美国学者丹·吉尔莫认为，人们从此前的"受众"变为当下的"参众"，其核心的不同就在于"我"的参与。而对于自媒体来说，作为"参众"的用户相较于面目模糊的"受众"，能够提供更为丰富的有效信息。

例如，罗辑思维在内容制作上非常注重用户的参与，它在社群成员中发出组建"知识拆迁队"的邀请，请队员分享知识性文章来充实微信每日推送文章的内容。被选中的文章发布时，分享该文章的用户可以在文末推广自己的微信公众号、书或者其他符合罗辑思维价值取向的商品。在媒介布局方面，罗辑思维的视频节目可以通过计算机、平板电脑、手机等各种终端设备收看，如果用户不喜欢视频，还可以通过网络电台收听音频节目，或者通过阅读《罗辑思维》同名书来了解其内容；罗辑思维的语音和推送文章每天会以图片的形式在微博更新，并定期集结成为"微刊"电子书，不喜欢"听"的用户则可以选择"看"的方式。不同年龄、不同身份的用户接触媒介的习惯也不尽相同，但是这种立体的媒介框架让不同习惯的用户都能找到自己偏好的方式，扩大了用户的范围。又比如，玩车教授也是不断与用户沟通，通过获取用户的反馈信息或者数据来创作高质量的内容，在内容分发上也充分考虑用户的喜好和目的来采用相应的分发渠道。

3. 将"做媒体"转变为"做产品"

纵观罗辑思维和玩车教授的发展，其运作固然依赖着强烈的媒体属性，但整体和细节上的操作，如包括提供免费的内容、筛选核心用户群体、以核心用户群体的势能带动产品更新迭代进而一步步完善产品，则更多地体现出了互联网产品的特征。

商业发展的历史规律过程告诉我们，在某一产品稀缺的年代，市场上产品供不应求，人们没有选择的余地；当这种产品得到一定的发展，供给能够满足需求时，人们可以根据质量、价格、渠道、知名度等因素的综合考量来选择；当这种产品由于技术、渠道等原因可以大量生产供人们选择，市场竞争激烈时，人们在选择商品时会更多地考虑对产品本身及品牌内涵的偏好以及推广方式的偏好。互联网的发展使得垄断传播的时代一去不复返，可获取的信息总量以几何倍数增长，同时，获取信息的途径也越来越多。随着信息的获取变得越来越容易，人们对内容产品的选择受用户体验的影响也就越来越深。

实战训练

上网搜索 papi 酱、咪蒙、秋叶大叔这几个自媒体品牌的商业运作模式，看看它们是否满足基于 PGC 的内容电商模式运作要点，将结果"是"或"否"填写到表 2-3 中。

表 2-3　PGC 模式内容电商品牌运作模式要点判断

自媒体品牌	内容创作有"魅力人格"	将"受众"视作"用户"	将"做媒体"转变为"做产品"
papi 酱			
咪蒙			
秋叶大叔			

2.2.3　模式特点总结

1. 以专业的态度生产内容

基于 PGC 的内容电商模式的基础在于不断生产有人格、有态度的内容，而且这些内容有别于 UGC 平台中大众生产的、质量不高的内容。这需要一整套完整的、专业的内容生产团队和选题创作机制。例如，罗辑思维以为受众提供"有种、有趣、有料"的信息为口号，选题广泛、思路开阔。节目常常以故事、观点或者现象为引子，旁征博引地对历史事件、社会现象、行业问题进行独到的剖析和把握。

2．直接与用户进行情感连接

内容电商的核心竞争力与核心价值是"人"，一个被万千粉丝喜欢、信任、依赖的"人"。环顾当今做得风生水起、热火朝天的内容电商，除了知名媒体人以及在创业后才成为名人的媒体人外，还有来自各个领域的自媒体品牌，如儿科医生、育儿百科畅销书作家崔玉涛创办了专业育儿类 App "育学园"，母婴"网红"何梦媛创办了母婴达人分享社区型电商平台"因淘优品"，女性励志畅销书女王王潇创办了女性社群电商"趁早"，这些都是因为与用户进行了直接的情感连接。例如，罗辑思维把自己打造成具有独立个性、人格魅力的品牌，基于此吸引铁杆粉丝并与之建立起长期稳定的"强连接"。这种连接关系是坚实的，因为铁杆粉丝不是任何一个内容平台的粉丝，而是罗辑思维这个品牌的忠实粉丝。

3．探索适合自己的商业模式

每一个 PGC 内容电商经营者，其目标用户定位必定有自己的特色，具有独特性，所以其商业模式也不可能完全一样。五年前罗辑思维以自媒体的身份投身互联网，现在已经发展成了一家综合知识服务产品提供商，这其中经历了无数的尝试、改变甚至激烈的碰撞，才最终形成了自己独特的商业模式。内容电商作为新型的内容变现模式，虽有罗辑思维、玩车教授等这些行业佼佼者在不断探索和尝试，但仍没有足够多的商业模式可供参考。所以基于 PGC 的内容电商模式注定是灵活多变的商业模式，找到适合自己的模式才是王道。

4．搭建灵活多变的组织模式

正因为基于 PGC 的内容电商的商业模式灵活多变，相应地，其组织模式也需要灵活。在互联网时代，大组织必将走向消亡，取而代之的是个体崛起、草根成长。因此，罗辑思维也把自己做成一个小而美的组织。这种组织不是一个自上而下控制化的组织，而是自由人的自由联合。团队里没有绝对的上下级之分，完全采用项目组织方式，发挥集体智慧，每个人都可能是某个项目的领导。这种利用兴趣爱好的作坊式的工作方式完全尊重并发挥出了人的价值。

课堂讨论

　　有人说"优质的 PGC 本质上是一个社群，它就像一个棉花糖，内容是中间的那根竹签，粉丝是外面包裹的那层糖，如果没有竹签，糖就没有依附的东西，就无法聚拢，如果没有粉丝，竹签就只能是一根竹签。"

你同意这个比喻吗？谈谈你的想法。

// 2.3 基于电商平台的内容电商

传统电商如淘宝、京东、唯品会、聚美优品等虽然有优质的电商供应链及丰富的产品类型，但在互联网流量红利即将枯竭的背景下，仍然需要依靠内容抢占用户时间与注意力，吸引用户"逛"电商。基于电商平台的内容电商模式是指传统电商平台主动进行内容化战略调整后，在新的内容电商平台开展电商业务的模式。本节将以淘宝和聚美优品为例来解析基于电商平台的内容电商运作模式。

2.3.1 经典案例回顾

1. 淘宝内容电商案例回顾

（1）淘宝的发展历程

淘宝自 2003 年诞生至今已经走过了 14 年有余。最初的淘宝是线下店的线上化，简单地说就是互联网的货品档口。而今的淘宝，货品档口的形态已逐渐过时，取而代之的是有性格、有温度的原创店。这些原创店是一个舞台，店主是主角，而粉丝就是观众。淘宝已经由一个纯电商平台逐步演化成一个内容电商平台，如图 2-21 所示。

图 2-21

淘宝为何要转变成内容电商平台呢？不论是为了帮助一些有特色的商家降低流量成本，还是为了与微信、今日头条及各种各样的直播抢夺用户的时间，淘宝必须做出改变，因此进行新的定位——找到"发现的趣味"，并把淘宝真正变成一个"消磨时光"的场景。在实现这一目的手段中，内容无疑是最有用的一种方法，所以淘宝向内容电商平台转变有其战略合理性。

（2）淘宝的内容布局

淘宝的内容布局主要有五大版块，即"淘宝头条""首页模块化内容""微淘""消息"和"我的"，如图2-22所示。

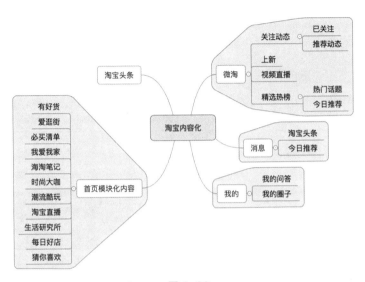

图 2-22

在这五个版块中，微淘、淘宝头条、手淘问大家、淘宝直播、爱逛街、必买清单以及有好货这七个入口的日均流量比较大。这几个入口各自的内容输出方式也不相同，各有优势和短板，具体情况如表2-4所示。

表 2-4　2017 年淘宝内容版块主要入口相关情况

流量入口	日均流量	内容输出方式	优势	短板
微淘	1000 万+	粉丝运营，内容营销阵地，商家自产内容	搞笑触达，推荐后免费流量	店铺粉丝为主，需专人内容运营
淘宝头条	2000 万+	达人撰写内容	推荐位置醒目，流量大	千人千面，商家可操作性低，需大量合作
手淘问大家	1000 万+	淘气值 3000 以上用户可以回复大家	商家可操作性强，流量大	按时排序，需不断生产内容
淘宝直播	1000 万+	淘宝机构主播＆商家输出内容	曝光大，互动性强	头部资源有限，测试成本高

续表

流量入口	日均流量	内容输出方式	优势	短板
爱逛街	1000 万+	定位时尚女装,淘宝达人&头条内容商家撰写内容	定位精准小众,转化高	以服饰、美妆、家具类目为主,其他类目流量小
必买清单	1000 万+	机器自动撰写内容	一篇清单推荐产品多(不低于三家)	算法基于人群定位,机器自动撰写,商家可操作性低
有好货	1000 万+	由淘宝筛选出的400个达人制作内容	推(新奇特)单品,单品流量大,效果好	达人少,费用高

（3）淘宝内容电商经营主体

淘宝已完成从以货品为中心逐步转向以人为中心的运营模式转变。在近两年里,淘宝大力扶持特色商家和内容达人。这两类群体,实现内容化战略。整个消费群里对"个性"及"设计"产品的需求量爆长,同质化的产品已经很难吸引消费者的兴趣。在这样的背景下,淘宝平台必须扶持特色商家;同时为了让消费者停留和"逛"电商,提供优质商品鉴赏、体验、经验分享的内容达人是必不可少的,如图 2-23 所示。

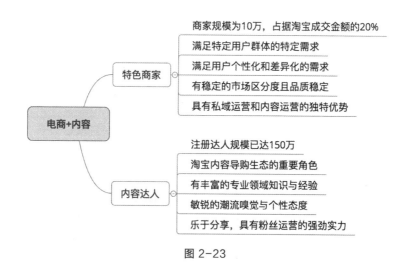

图 2-23

淘宝特色商家是淘宝通过一套较为复杂的算法模型,选出的一批在长尾类目创业、又能满足个性化需求、有高熟客率等品质的商家。淘宝特色商家

的类型多种多样，2017 年特色买手、原创设
计、极致品类、服饰风情、玩家、小众风格、
匠人位列前七位，如图 2-24 所示。

图 2-24

淘宝的特色商家能够满足消费者的各类
长尾需求，它们虽然在大众舆论中并不占据
主要位置，却在淘宝拥有大量年轻人的拥趸。

2017 年的"双 12"，特色商家已经成为
淘宝的绝对主力，许多"长尾类目""中小品
类"都迎来爆发。例如，一家名叫同盛永铁锅店的特色商家，它属于特色商
家品类 Top7 的匠人类店铺，如图 2-25 所示。该店通过打造历史传承，如锻
打工艺始于 1910 年，致力于发扬传统手工铁锅技艺的文化情怀树立店铺特
色。将这种鲜明的品牌特色和内涵通过淘宝店铺及商品的呈现，让更多人了
解传统铁锅，更多地关注手工匠人，增添了许多内容性。消费者往往就是冲
着文化和情怀去关注和购买商品的。

图 2-25

除了特色商家外，淘宝还有另一内容电商经营主体，即内容达人。达人们通过将自己的品位、格调和购物技能分享给关注自己的粉丝，以满足他们的内容需求，粉丝产生购物后，内容达人可以获得佣金分成。有些做得不错的内容达人干脆自己开店，自主地打造出内容电商的完整闭环。内容达人需要注册认证，共四个等级，分别是普通达人、创作达人、大咖和红人，如图2-26所示。

V1.普通达人	V2.创作达人	V3.大咖	V4.红人
普通达人是淘宝生态体系中的内容建设者，秉承乐于分享的精神，为消费者提供消费建议和帮助	创作达人是达人体系中优秀的内容生产者，依据达人平台工具，专注在特定领域内为粉丝和消费者提供优质的内容和服务	大咖是达人体系中的佼佼者，拥有很强的号召力和影响力，凭借自身独特的视角和对领域内知识的沉淀为粉丝提供专业的指导和建议	红人是达人体系中最独特的人群，他们拥有高颜值、高形象辨识度、高粉丝黏性和号召力

图 2-26

在达人们创作内容的细分领域中，与追求美丽生活息息相关的领域成为最受关注的内容，其中连衣裙一枝独秀，成为各类淘宝达人争相发布的内容主题，如图2-27所示。此外，面膜、T恤、毛呢外套、裤子、唇膏口红和低帮鞋等也是热门创作领域。

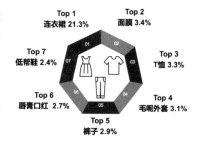

图 2-27

淘宝达人们在各自擅长的领域内生产着各种内容，帮消费者回答三个非常重要的问题：一是通过分享好的产品及体验告诉用户好产品是什么，二是精细地介绍相关产品的应用场景甚至使用方法，告诉用户好产品怎么用，三是通过各种内容告诉用户好产品在哪里。达人"三步曲"让消费者沉浸到消费场景中，如图2-28所示。

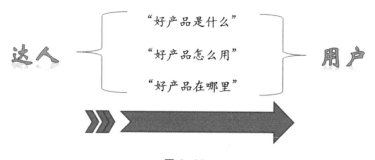

图 2-28

达人们通过创作各种图文、短视频"种草",通过直播与用户直接互动,这些内容形式深受用户欢迎,其中直播内容发展最为迅猛,2017 年直播类达人每天引发亿级浏览量,百万级转化量,人均观看时长超过 15 分钟。此外,淘宝除了通过淘宝达人外,还通过链接阿里系内容频道各类活跃的内容创作者,依托阿里亿级流量精准分发各类内容,正在挖掘内容创业的新蓝海。淘宝已经从"流量为王"转变到了"个性化内容为王"时代,从"找"需要的,到"发现"想要的。将大量内容带入商品,借助千人千面技术打造个性化体验,在内容互动中提升用户黏性。这个个性化内容为王的时代,也是极致体验的时代。

2. 聚美优品内容电商案例回顾

（1）聚美优品的发展历程

在淘宝和京东近似垄断的背景下,垂直电商迎来了洗牌期,许多垂直电商已经危在旦夕。聚美优品作为垂直电商平台的典型代表发展势头强劲,这跟其娱乐+电商的战略不无关系,其发展历程如图 2-29 所示。

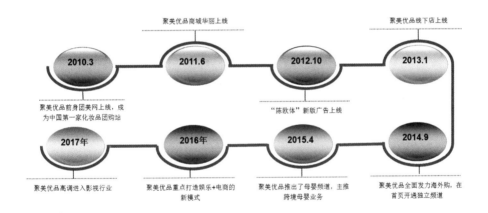

图 2-29

纵观聚美优品的发展历程,它早期坚持做化妆品行业的垂直电商,使用团购等限时特卖的模式。自 2012 年发布陈欧主演的新版广告后,"陈欧体"风靡全网,从此娱乐的基因就植入了聚美优品。2014 年后,聚美优品发力海外购,尤其是母婴跨境业务,并进一步确定了公司娱乐+电商的发展模式,开始尝试内容电商,甚至直接进入影视行业。

（2）聚美优品的内容布局

聚美优品手机版目前的内容布局主要体现在两个版块,一个是屏幕底端中间的"直播社区",另一个是"仙女说",如图 2-30 所示。

图 2-30

其中直播社区分两个版块,一个是直播,还有一个是聊天,如图 2-31 所示。在有明星直播的时候,网站及各大社交媒体会提前预告,用户可以来到聚美 App 上观看直播;没有直播的时候,用户可以观看直播回放,如图 2-32 所示。在聊天版块,用户之间可以互加好友。

图 2-31

图 2-32

2016 年 3 月推出直播功能后,包括郭敬明、赵丽颖、薛之谦、佟大为、金宇彬等超过百位当红明星先后亮相聚美直播,创造了最高峰累计观看人次突破 700 万次的纪录，"品牌+明星+直播"的模式同时为聚美合作的各大品牌带来了曝光量和销量的激增，如魏晨直播 1 小时，卖出 30000 支BB 霜，促成品牌、明星、平台的共赢。

"仙女说"共分为"推荐""美美哒""逛一逛"和"精华"四个版块，如图 2-33 所示。"仙女说"以信息流方式展示用户的使用心得和体验，其他用户可以与发布者交流沟通，进一步提升了用户黏性。

聚美优品除了对平台进行内容的改造外，还积极利用外部资源进行娱乐内容化营销。例如，从 2015 年开始，聚美优品频繁向娱乐界靠拢，先是任命时尚集团总裁苏芒为独立董事，随后又频频参与各类综艺节目，如《全员加速》《女神新装》《一年级》都有聚美优品的参与。而参与《全员加速》使得陈欧频频与明星互动，人气再次暴涨。

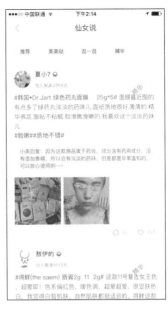

图 2-33

（3）聚美优品未来内容化战略

从公开的相关报告看，聚美优品未来的内容化战略主要有两个：一是对内打造"电商+直播+社区"的经营模式；二是对外开拓以时尚、娱乐为主的内容生态体系。对于前者，聚美优品通过明星、"网红"、综艺影视等直播内容与电商变现的结合，通过这样的转型升级逐渐形成自己的内容壁垒，继续提升消费者的购物体验。对于后者，聚美优品不仅与多个商业大片达成联合营销合作，直播电影节、明星专访、影视活动，还通过平台与新媒体的营销实现数亿次的曝光和百万级的票房销售，而且也加入热门综艺节目的海选以及制作过程，全力打造全娱乐平台。2017 年，聚美更是直接成立影视公司，打出"聚美聚时尚"的概念。这些都是在布局内容生态体系。

聚美优品投资影视、育儿社区平台等内容产业，如今成果初现。例如，《温暖的弦》杀青即被腾讯视频、湖南卫视买下版权；领投的宝宝树发展迅速，月用户达到 1.5 亿，2016 年还获得复星集团领投 30 亿元资金，估值达到 100 亿元人民币左右。各种迹象表明，未来聚美优品会继续围绕着以时尚、娱乐为主的"内容+电商"战略继续前行。因为这些多元化内容布局和电商业务能形成互动，打造生态。电商与时尚、娱乐内容会产生化学反应，最后形成一个时尚科技帝国。

课堂讨论

　　淘宝和聚美优品都是电商平台，前者是一个多品类的综合型平台，后者是一个以化妆品为主的垂直型平台。通过学习以上两个案例，两者内容化转型的过程有哪些相似之处？又有哪些明显不同呢？

2.3.2　运作模式解析

　　基于电商平台的内容电商模式，其运行基础还是电商平台，只是将原来的传统电商平台逐步转变成内容电商平台。这种内容电商的运作模式有以下三个要点。

1. 运作思路的转变

　　过去的电商是"物以类聚"，内容电商强调的是"人以群分"。物以类聚很好理解，京东网页上商品的设计都是以品类为主，3C、母婴、家具，传统商业里怎么做品类，京东上就怎样做品类呈现，而"人以群分"则发生了很大的变化，过去以商品为出发点做电商，现在的诉求点是人的需求，以人为核心，通过人格化的认同和信任促成商品销售。电商平台已经在改变，电商运营者和依托于电商平台的内容创作者也要转变思维，尽快转变运作思路。

2. 平台内容化策略

　　电商平台内容化最显著的地方就是商品的分类不单是通过商品品类分，而是以一个抽象专题来概括。例如，淘宝和京东均采用模块化专题结构方式将图文推荐和商品结合。京东每个模块的内容分类展现得非常明确细致，让消费者一眼就知道这个大专题里有哪些小专题，小专题具体指哪方面。此外，针对消费内容创作者，淘宝推出了"淘宝头条"；针对精品商品和品质生活，推出了"有好货"；针对购物场景的指南，推出了"必买清单"；针对女性消费者，推出了"爱逛街"，并结合当下最火热的直播，手机淘宝首页已经推出了视频直播的产品。

　　对于垂直自营的电商平台，它们本身凝聚的人气有限，还可以开拓站外内容资源，打造与电商平台相适应的内容体系。例如，聚美优品除了在平台内容开通直播和"仙女说"以外，还积极利用外部资源生产时尚、娱乐内容，构建内容生态体系。

3．内容生产鼓励政策

内容电商必然涉及内容生产和消费的主体，包括内容生产者、平台、内容消费者。聚美优品的用户可以利用"仙女说"来分享购物体验，淘宝和京东引入自媒体达人作为内容生产者生产较为专业的内容，内容中穿插推荐商品及其购买链接。相比于单纯地将商品信息呈现给消费者，图文等多方式的推荐降低消费者的抗拒和挑剔心理，更易被消费者接受。除自媒体之外，二者都鼓励卖家和内容消费者参与到内容生产中，丰富内容维度，这也是保证优质内容供应能够持续运转的重要一环。例如，淘宝的"微淘"模块和京东的"觅"Me，卖方多以直播、短视频或图文动态的方式宣传商品和品牌，此外还通过参与问答和交流社区的方式生产内容。

课堂讨论

　　面对淘宝等电商平台的内容化转型，商家在这些平台经营自己的店铺时，哪些做法是可取的呢？（　　　）
（1）不断加大直通车和钻展广告投入。
（2）了解平台用户入口的各个内容输出方式，积极创作内容推送。
（3）针对相关产品，积极寻找达人合作推广。
（4）尽量扩大商品品类，让用户总能到本店买到合适的商品。
（5）进一步聚焦商品品类，打造特色，提炼产品或者品牌内容。
（6）可以尝试以短视频方式来展示商品的特色。
（7）积极参与社区交流和与他人互动。

2.3.3　模式特点总结

传统的电商平台仍然是当今电商的主流，但行业的佼佼者淘宝和聚美优品等已经开始将平台内容化，已经在尝试内容电商，这必然会引领传统电商平台内容化改造的新趋势。这种基于电商平台的内容电商模式，有其先天的优势，如丰富的商品及背后强大的供应链系统；也有不足的地方，如很容易将内容量做大，随之相对应的是产品的复杂性也随之增加。如何把握内容和电商之间的功能平衡，以及更有效地实现最终目的，这是一大挑战。这种模式的主要特点有以下三点。

1. 平台致力于打造内容生态体系

传统电商平台的管理者基于战略考虑，要将电商平台内容化，必须致力于打造内容生态体系。例如，淘宝充分发挥阿里系企业资源优势，搭建内容生态体系，从机制上鼓励特色商家和内容达人生长。淘宝推出自有的淘宝头条、有好货、爱逛街、必买清单，专注于商品推荐分享的 UGC 和 PGC 内容外，阿里系自 2013 年就开始把触角伸向了微博、优酷、土豆、影视公司等第三方内容领域，紧密打造从内容生产到内容传播、内容消费的生态体系。这让基于淘宝的内容电商平台的发展如虎添翼。又如，聚美优品成立影视公司，开始自行拍摄影视作品。

2. 内容创作者要将内容与商品高度融合

电商做内容，就是希望能以内容连接人的情感，让人们"移情"于消费，从而实现内容变现。在生产内容时，切忌直接生硬地插入各种营销广告，让消费者反感；应该选择巧妙、自然的方式，将内容与商品高度融合；还要善于讲品牌的故事，潜移默化地引导粉丝对品牌有正面积极的印象，赢得粉丝认同。内容创作的最高境界就是让消费者明知你对内容的理解可能有偏差或者知道是套路，还是会出于对内容创作者的偏爱而心甘情愿地为内容买单。

3. 商家要兼顾商品和内容运营

在基于电商平台的内容电商模式下，平台上有大量用心经营的商家经营着非常优质的商品。但在内容电商环境下，商品的属性正在变化，用户消费的不只是商品本身的价值，还包含商品传递出来的情感、态度和知识等内容层面的价值，用户消费的是商品加内容。在内容电商这种模式下，物以类聚、人以群分，人和内容成为中间层和连接器，商家或其内容合作者通过生产有态度、有温度、有专业性的内容来引导购物。

由于内容电商还是一个新兴事物，不论是基于 UGC 的内容电商模式，还是基于 PGC 的内容电商模式，抑或是基于电商平台的内容电商模式，都在不断发展和探索之中。当前的现状注定只是一个中间过程，但通过对三种模式的梳理不难看出，它们之间还是有些共通性的，如都由内容平台、内容生产者、产品提供方和用户构成，又如这三种模式的运作过程其实都涵盖内容生产、内容分发和内容电商变现三个环节。

实战训练

　　通过学习本章的内容，想必读者已经大致了解了基于 UGC 的内容电商、基于 PGC 的内容电商和基于电商平台的内容电商模式的含义及其运作特点。试比较这三种模式的相关要素，将关键词填写到表 2-5 中。

表 2-5　内容电商模式对比

内容电商模式	产品提供者	内容平台	内容生产者	内容形式
基于 UGC 的内容电商				
基于 PGC 的内容电商				
基于电商平台的内容电商				

03 Chapter

第3章
内容电商之产品选择

通过阅读本章内容，你将学到：

- 内容电商选品的必要性
- 内容电商选品的方式
- 内容电商选品的方法
- 内容电商选品的技巧
- 内容电商选品的禁忌

// 3.1　内容电商选品的必要性

选品是电商运营工作的一个很重要的环节。在电商平台，选对了产品至少有 50%的成功可能性，而选错产品则 100%失败，鲜有在严重违反选品逻辑的情况下还能持续健康运营下去的电商案例。那么，内容电商需要选品吗？如果需要，选品的渠道、方法和技巧又是什么呢？请学习本节的内容。

3.1.1　内容电商的用户属性要求进行严格选品

前面讨论过，内容电商注重与用户的情感连接，如何做到情感连接呢？这需要有态度、有价值观、有情感导向的内容，使读者对产品背后的品牌、故事、人物产生共鸣，这样才能建立连接。所以，不认同内容创作者价值主张的用户会被过滤掉，留下来的用户基本都是认同这种价值主张的。用户的这种情感属性要求内容电商的选品必须与用户的特性相匹配。

例如，罗辑思维提供"有种、有趣、有料"的知识内容定位，决定了其用户必定是一群爱学习想读书的人，所以罗辑思维理所当然会选择图书作为产品。在传统电商领域，卖书算不上一门好生意，既要面对京东、当当、亚马逊等众多竞争对手，又要面临电子书、盗版书的巨大冲击。但罗辑思维的很多用户都心甘情愿地购买罗辑思维的不打折图书。有人说这主要是罗辑思维的个人魅力使然，这当然没错，但与罗辑思维的严格选品也有很大的关系。仅 2015 年一年，罗辑思维微信小书店从不定期上新到每周五固定上新书；从开始的三五本书到独家在售将近 60 种图书，一年的图书销售额超过了 1 亿元人民币，而且坚守"图书不打折"这个底线。这近 60 种图书绝对不是随随便便挑选出来的，其必然有一套选品的逻辑，如根据用户属性选择最大公约数的品种。

又如，对于读者主要为 18～38 岁、具有良好教育程度、注重生活品质的中产阶级的自媒体来说，其内容主要专注于生活类视频，包括美食、酒店、汽车、小店美物等生活类内容，女性时尚、男性时尚、美容等潮流类内容，建筑、摄影、艺术等文艺类内容。其注重生活品质的中产阶级用户属性决定了其选品不能马虎。如在家具品类选择高客单价的设计师品牌，与其用户属性相匹配。

由此可见，内容电商的用户属性要求进行严格选品。

3.1.2　内容电商的商品数量限制要求精致选品

因为内容电商靠的是优质内容带来流量，其对外呈现和展示的重点必然是内容，商品更多的是作为内容的附属品进行嵌入销售，因此会导致能够展示的商品数量有限。内容化程度越大，商品展示的数量越少。例如，天猫超市、一条和良仓在同样大小的页面中展示的商品数量就相差很大，分别如图 3-1～图 3-3 所示。

图 3-1

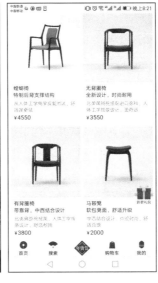

图 3-2

图 3-3

天猫超市是传统的货架式电商模式,其最多展示 8 件商品还带一幅广告。一条生活馆展示 4 件商品，包括精致的图片及简洁的文字描述等信息。商品展示最少的是良仓，它是数百位意见领袖引领的生活美学分享社区，良仓杂志报道有趣味及品味的人和事，良仓商店精选来自全球精美的生活产品及礼物，一屏或者多屏篇幅仅介绍一件商品，与其说是一件商品，倒不如说是一篇精致的内容。

由此可见，内容电商的内容化程度越高，其单位页面展示的商品数量就越少。因为展示商品的数量太少，为了实现利益回报，必须提升其销售转化率，这对内容电商选品的精致程度提出了要求。

所以说，内容电商的商品数量限制要求精致选品。

3.1.3　内容电商的消费者决策模式变化要求专业选品

内容电商的核心是人为创造沉浸式、冲动式、隔离式、单独评估的消费场景，在这种场景下诱导消费者进行消费，如表 3-1 所示。

表 3-1　内容电商的消费决策模式概念

消费模式	具体含义
沉浸式消费	让消费者在统一的消费体验中进行内容及商品信息的获取
冲动式消费	诱导消费者进行冲动消费
隔离式消费	使消费者在相对隔离的场景下进行消费决策
单独评估	消费者同时只评估一个同类型商品，它的反义词是联合评估。在联合评估状态下，用户在确定目标商品后，就会进行多维度的比较，如价格、材质、工艺、品牌、销量等

场景不同，导致内容电商和传统电商在消费者决策模式上完全不同。在消费升级的大趋势下，越来越多的用户喜欢和习惯于在决定买一件东西之前，不是去比较哪家卖得最便宜，而是去看自己信任的"人"有什么好的推荐。正是因为消费者决策模式的变化，商品选择也应跟着发生变化。如不必太过追求产品的性价比，而应更加专注产品的新奇特等，或者强调产品有某一独特优势，产品的内容性较强等。这充分说明内容电商消费者决策模式的变化要求专业选品。

实战训练

试分析在淘宝网上购买口红和通过观看达人视频购买口红两种方式的决策模式有何不同。在表 3-2 中两种购买方式下正确的决策模式后画"√"。

表 3-2　决策模式对比

比较项目	淘宝网上购买	通过观看达人视频购买
沉浸式消费		
冲动式消费		
隔离式消费		
单独评估		

// 3.2 内容电商选品的方式

内容电商选品的重要性前面已经阐述,那么其产品来源渠道一般有哪些呢?在回答这个问题之前,先来回顾一下内容电商的运作模式。第二章讲解过三种内容电商的运作模式:基于 UGC 的内容电商运营者往往需要借助内容平台来发布内容,逐步积累自己的用户规模;基于 PGC 的内容电商运营者一开始也会依托内容平台发布内容,但一旦成长起来,用户规模增大,可以跳出内容平台的束缚,自建平台运营;基于电商平台的内容电商运营者则主要在平台内部从事内容创作和电商变现,如图 3-4 所示。

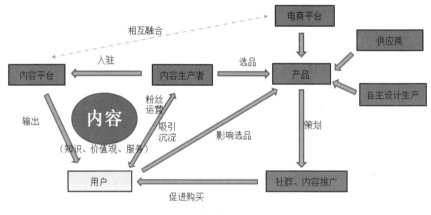

图 3-4

不管是哪种内容电商模式,都需要进行产品选择,但产品选择的渠道可能不同。基于 UGC 和 PGC 的内容电商运营者均可以依托电商平台或者寻找自建店铺来作为商品的渠道来源。但基于 PGC 的内容电商运营者选品的渠道更加灵活,因为其能够直接交互的用户规模一般比较大,所以多采用自建商品供应渠道,影响力足够大,甚至自主设计品牌产品;基于电商平台的内容电商运营者则从电商平台上选择货品。总体来说,内容电商选品方式主要有以下三种。

3.2.1 选择电商平台中的产品

以标准化程度为依据,商品可被划分为标品和非标品。标品有统一的衡量标准,产品特性和服务形式相对标准化的消费品类。非标品是标品的反义词,指没有统一衡量标准,产品特性和服务形式相对个性化的消费品类,如手工皮包、自家陈酿等。电商平台中的产品以标品居多，在标品居多的货源选择中要关注以下几个因素，如图 3-5 所示。

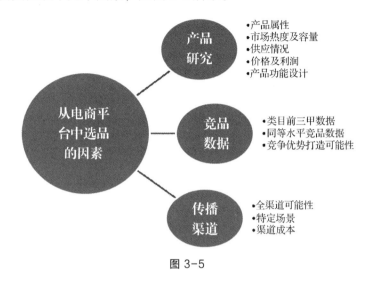

图 3-5

1. 产品研究

看产品本身属性，如日常消费品、"发烧友"产品、非理性消费品、新奇特品等，是否符合用户刚需，满足用户什么需求；看产品在市场上的历史热度、预估目前市场容量；看产品自身供应情况是否能满足营销带来的需求；价格利润方面，要估算扣除预计可能的成本费用；看产品的设计包装、易用性及产品质量风险评估等。

2. 竞品数据

通过阿里指数、百度指数、热销榜、第三方工具查看产品类目营销数据和热度；看市场竞争状况，查询该类目该产品前三甲和同等水平的产品数据，即产品销量、图片、详情、评价等情况，看产品是否可能做出销量；还可以长期监测查询产品或同质化产品的营销周期、价格、质量等维度评估对比，是否能够打造优势。

3. 传播渠道

要研究产品是否能在全渠道或者用户所在的特定场景下直接触达，避免禁区或无法触达用户。要大致预估如果要打造这款货品，应通过哪些渠道，每种渠道的成本如何，预估每种渠道的转化率、效率和性价比等。

在分析商品的属性时，一般将其分为日常消费品、"发烧友"产品、非理性消费品、新奇特品等。人们的需求一般有生理需求、安全需求、爱和归属需求、被尊重需求和自我实现需求五个层次。现有某产地生态大米、某品牌饼干、某品牌智能汽车三件商品，请分析商品属性和满足的需求类型，并将结果填入表 3-3 中。

表 3-3　产品研究情况

商品	商品属性	满足需求
生态大米		
饼干		
智能汽车		

3.2.2　选择供应商提供的商品

内容电商运营者的用户规模达到一定程度后，往往会逐渐摆脱平台的束缚，在商业模式上也会更加灵活，这时往往愿意尝试自建电商平台，直接接洽供应商选择产品。例如，"虎扑识货"会搭建专门的体育用品平台开展电商业务，"一条"会自建一条生活馆，选择专门的、针对追求高品质生活的中产阶级的设计师产品供应商。

以"一条"为例，它通过选择供应商供货这种方式选择商品，实现了商品的低成本、高毛利的选品目标。"一条"直接找到设计师或品牌商供应一手货源，凭借巨大的采购量和"一条"强势的品牌降低采购成本。"一条"选择设计师品牌，除了可以让产品格调更高、质量更优良之外，设计师品牌更加容易差异化，可以做到人无我有，避免有人打价格战，轻松实现高毛利率。另外，在品类选择上，"一条"自主选择供应商，灵活性也很强，它主要做家居类商品，这类商品的特点是具有使用价值和审美价值双重属性，高端家居用品的审美价值远大于使用价值，这就给抬高定价、提升产品毛利率提供了更加充足的理由。

像"虎扑识货"和"一条"这样具有电商运营人员的团队可以这样操作，

但大部分擅长内容创作的内容创业者却未必熟悉电商的运营，学习诸如电商平台搭建、产品供应链的建设，成本太高，这种情况下可以选择与专门针对内容创业者的商品供应商平台合作。

　　例如，LOOK 是一个主打"内容聚合+一键购买"的时尚商城，如图 3-6 所示。简单来说，内容创作者负责内容的产出，LOOK 负责后端商城的搭建，商城以超链接形式依附于某特定内容，读者点击该内容，便可跳转到商场。除了直接选品外，商城内其余运营都由 LOOK 团队来完成。商品的选择由内容创作者来完成，LOOK 将以后端数据的角度分析用户画像，助其精准选品。在供应链端，LOOK 聚合了 Farfetch、Net-a-Porter 等海外电商平台，能够提供涵盖 5000 个品牌超过 150 万个 SKU；此外，LOOK 还与包括美国时尚电商 Revolve、韩国设计师电商平台 Wconcept 等在内的电商平台达成合作，官方签约合作品牌 150 个。

图 3-6

　　又比如，嗨企网络与内容电商创作者提供商品供应合作的服务，即根据内容创作者的用户调性和喜好定制线上商城，并用内容方引流的粉丝在其商城中消费永久分成的模式与内容方共享利润。

　　嗨企网络采用"千人千面"模式，在平台上线的内容创作者有各自的标签，其引流的粉丝会根据嗨企自主研发的后台算法看到不同类型的产品。嗨企网络和全国 15 个保税区的 40 多个保税仓合作，解决平台上的货品数量和质量问题。目前，平台的商品供应系统已经连接保税仓的系统，可以实时对比价格，使得平台上货物的价格更加具有竞争力。

实战训练

　　从产品质量把控、自身品牌打造、构建容易度、产品供应效率、客户服务体系等方面比较自建供应商体系和选择供应商平台作供应商的差别，在表 3-4 中每项比较项目后较优的模式下画"√"。

表 3-4　供应商供货模式比较

比较类目	自建供应商体系	选择供应商平台作供应商
产品质量把控		
自身品牌打造		
构建容易度		
产品供应效率		
客户服务体系		

3.2.3　自主设计和生产的品牌产品

当受众群体达到一定量级、用户群体规模足够大时，内容电商运营者也可以考虑自主设计和生产品牌产品。

王潇从创立"趁早"这一品牌开始，就在尝试帮助大家用发现问题、解决问题的逻辑去思考，勇猛精进地管理自己，输出"趁早"的价值观。具备一定人群后，"趁早"上线一个名为"Shape Your Life"的女子健身产品线，出售卫衣、短裤等产品。推出这个产品线最深层次的原因还是价值观驱使。因为价值观的稳定性，"趁早"粉丝们努力做到做事始终如一，无论是在工作还是在家中，都会自律，知道自己所向何处。而身体管理是他们自律范围内非常基础的一项，身体理论上是最好管理的，就是你吃什么，选择吃多吃少，控制不了吗？这是最好管理的，"趁早"要用它入手，把自律做起来。

课堂讨论

自创品牌无疑是灵活性和自由度最大的一种选品方式，但它也有许多制约条件，请结合实例谈谈内容电商经营者在满足哪些条件时可以考虑自创品牌。

// 3.3　内容电商选品的方法

了解了内容电商的选品方式后，下面再来看看内容电商的选品方法。传统电商选品通常是借助一些如聚星台或者生意参谋等数据分析工具,分析行业、类目及用户人群属性等数据后做出选品决策。

内容电商的运作模式不同,其选品方法也不同。具体来说,内容电商在选品时考虑的因素会更多一些,既要考虑产品的属性、价值,还要考虑与用户调性的匹配;既要考虑外部的市场,还要考虑自身的内容定位。整体来看,内容电商选品主要有三步,即根据内容细分领域确定产品类型,根据用户群体特性确定意向产品,借助评估模型确定具体产品,如图 3-7所示。

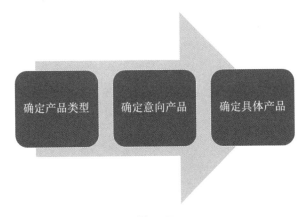

图 3-7

3.3.1　根据内容细分领域确定产品类型

内容电商的运作模式一般是先有内容,然后有用户,最后才是卖商品,这也正是与传统电商直接赤裸裸地展示和推销商品的差别所在。所以选品的第一步就是要根据内容细分领域确定产品类型。

例如,钓鱼圈老憨是河北白洋淀一位卖棉衣的普通商人,自从在淘宝头条上发布和钓鱼相关的内容后,成为钓鱼圈的新晋"网红"。老憨通过淘宝头条不断创作,也想从事内容电商的创业,那么在进行选品时,自然就会选择从钓鱼人最关心的鱼饵到与钓鱼相关的所有用具这一产品类型,如图 3-8所示。

何梦媛创办的因淘优品一直在创作母婴产品的购物分享内容,如图 3-9所示。该平台通过各种政策和措施鼓励用户自发产生优质内容,内容话题仅限于消费相关,不做情感和育儿。这种限定既延续了因淘优品的调性,也利于内容更专注、更垂直。在这样的场景氛围下,用户的购买冲动很容易被激发。"就像逛宜家一样,你看见各种商品摆在别人家被别人用,特别容易产生买买买的冲动。"在这种确定的场景里,产品类型自然是非常明确的。

图 3-8

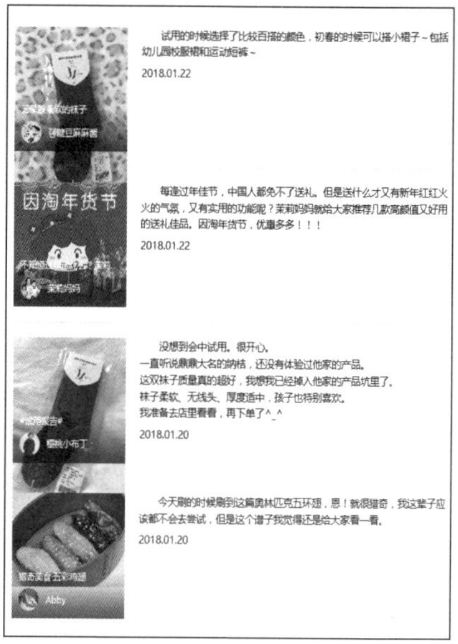

图 3-9

内容电商输出的内容领域越细分,其产品类型也越容易确定,许多内容电商的选品都是如此。"年糕妈妈"当然选择母婴产品,"有车以后"理所当然选择汽车后服务,"文怡家常菜"选择厨具等。内容电商选品的第一步就是要确定与内容细分领域相匹配的产品类型,如职场内容创作者,其内容电商选品就应该尽量与职场相关,如职场正装、化妆、办公用品等,又比如美食内容创作者,其电商选品应该与美食相关的品类。

在确定产品类型的过程中,有一个要点需要注意,即选择标品还是非标品。非标品的同质化竞争相对小,而且更有内容可写,非标品在售前和售后均有更强烈的沟通交流需求,所以更有可能形成社群传播。从属性上看,非标品较为契合内容电商的选品标准,但非标品相对不好找,因此内容电商更多还是通过标品进行变现。

如果想通过标品进行变现,如何找到更适合内容电商的商品呢?其实并不难，一方面，可以看一些电商平台的前台商品数据，如根据类目搜索或者根据关键词搜索各类商品等；另一方面，可以使用数据源工具，如淘宝平台用生意参谋，京东平台用数据罗盘，通过工具基本可以判断出该产品在该电商平台上大致的生态情况，以供选品时参考。

课堂讨论

　　"混子曰"是一个主打历史内容的自媒体账号，通过漫画、图文等进行内容创作。"混子曰"公众号吸引了 200 万粉丝，其 "Stone 历史剧"栏目所发的文章平均阅读量为 30 万，累计点击量高达一亿次。其爆笑又富有创意的手绘形象，深受 "90 后" "00 后" 等年轻群体的喜爱。针对这样一个内容创业者，你觉得它的选品可以是哪些类型？

3.3.2　根据用户群体特征确定意向产品

　　确定好品类后，第二步就是根据用户群体特征来确定意向产品。内容创作者根据自己的内容细分领域一般比较容易确定产品类型，但是这类产品也有很多，不同厂家、不同品牌、不同价位等，如何确定意向产品呢？这一步要将用户的群体特征作为辨别依据。

　　这里的用户群体特征是指内容用户的一些共性的外在和内在特征。如专注做全中国最有生活品质的达人辣妈母婴购物分享平台，引领妈妈追求高品质生活的因淘优品，其用户群体就是有一定经济基础的妈妈们，她们在意育儿质量，对海外购物的需求也十分明显，她们乐意听取专家意见，乐意分享交流。根据这些用户群体特征，选取意向产品就有一些大致的标准，如产品新奇、功能独特、价格不低等。

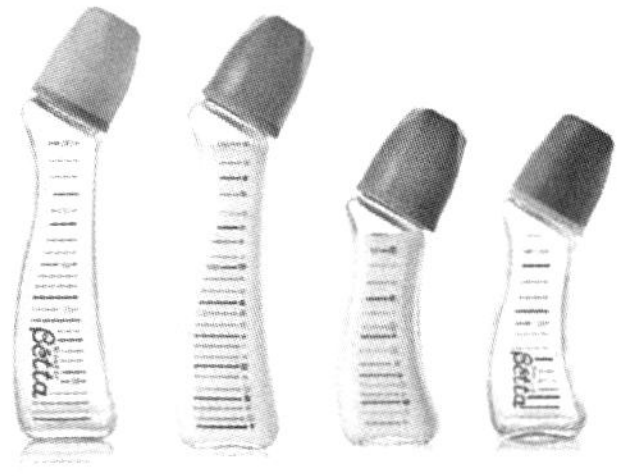

　　例如，因淘优品凭借这几个标准在众多的进口奶瓶中发现了一个品牌的奶瓶——Betta 奶瓶，也是后来被称为"奶瓶中的爱马仕"的一个品牌，如图 3-10 所示。当然，这个奶瓶之所以有这个称呼，与因淘优品创始人何梦媛将其引进国内且大卖密不可分。她第一次见到这个歪脖子奶

图 3-10

瓶感觉很是新奇，买回对比试用后，特别推崇其防胀气功能。尽管价格不菲，但用户热情不减，几天后，何梦媛组织 Betta 奶瓶团购，奶瓶很快被抢光。

因此，内容电商选品的第二步就是要认真分析用户群体特征，大致确定选品依据而选择意向产品。现在许多内容创作平台都有用户属性分析的工具，阿里巴巴的"大鱼号"后台就能从粉丝分析、访客分析和互动分析三个维度查看用户的相关数据，如图 3-11 所示。这为内容创作者分析用户群体特征提供了数据基础。

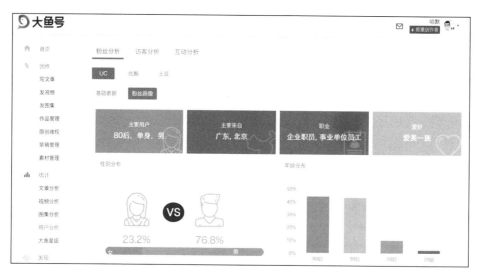

图 3-11

实战训练

某定位于倡导高品质生活方式内容创作的生活类自媒体，经过一段时间的运营后，目前用户已经积累到一定数量，希望通过用户的阅读偏好数据分析来确定其消费类型，从而进行意向产品选择。根据内容对用户进行画像后，将用户划分为目标明确型、品质生活型、理财偏好型、家居生活型和购物冲动型五种类型，经过分析后发现各类型用户比例及其特点如表 3-5 所示。

表 3-5　用户数据分析结果

用户类型	人数占比	特点
目标明确型	62.1%	无消费热情，对手机及手机配件相对感兴趣
品质生活型	27%	此类用户对出行相关的汽车、鞋更感兴趣
家居生活型	8.8%	对家居类服装装饰、家用电器更感兴趣
理财偏好型	1.2%	对保险、保障等理财感兴趣
购物冲动型	0.9%	具有充分的购物特点，对各个品类都有消费热情

根据该结果谈谈该自媒体应该选定什么样的商品来销售变现，为什么？

3.3.3　借助评估模型确定具体产品

不管第二步选择的意向产品是标品还是非标品，第三步确定具体的产品时都需要建立一个评估模型，尽量用量化思维来确定最终的选品。根据行业经验，一般会选取产品功能、产品颜值、产品价格、质量可靠度、市场替代性五个维度来构建模型，如图 3-12 所示。

图 3-12

该模型五个指标的含义及其基准权重如下。

• 产品功能（基准权重 20%），指产品在某些场景下的功能特性，如 Betta

奶瓶能够防止婴儿在喝奶过程中吸入空气而胀气的防胀气功能。

- 产品颜值（基准权重 20%），指产品的外观设计和包装设计是否美观等。
- 产品价格（基准权重 20%），指产品的价格与用户人群消费层次的匹配度。
- 质量可靠度（基准权重 20%），指产品试用以及相关质量风险评估。
- 市场替代性（基准权重 20%），指产品的不可替代性。同类产品越少，分值越高。

内容电商运营团队可以组建一个选品专家组，依照这个模型来进行百分制评分并进行加权计算，分析比较，最终得出选品的优先顺序。下面举例说明此模型的使用方法。

例如，某母婴内容创作团队通过第一步和第二步已经选出了五款意向产品，它们分别是某品牌奶粉、某品牌奶瓶、某品牌牙胶、益智玩具、童车。这五款产品都是与用户群体追求高品质生活的特性相匹配的，现在需要最终确定一款产品作为年终主推产品。该内容电商运营团队根据用户人群特性、春节前期的时机和市场现状，认为产品功能和质量可靠度的权重不变，仍然为 1，产品颜值和市场替代性两个维度加权值分别调整为 1.5 和 1.2，而价格维度降权为 0.8。之后利用选品模型，让选品专家组给每款产品打分，取专家组平均分后填入表格，进行加权计算排名，如表 3-6 所示。

表 3-6　选品模型加权分析表

商品	产品功能	加权系数	产品颜值	加权系数	产品价格	加权系数	质量可靠度	加权系数	市场替代性	加权系数	加权总分
奶粉	80	0.2×1	80	0.2×1.5	90	0.2×0.8	50	0.2×1	30	0.2×1.2	71.6
奶瓶	80	0.2×1	70	0.2×1.5	70	0.2×0.8	60	0.2×1	80	0.2×1.2	79.4
牙胶	70	0.2×1	80	0.2×1.5	80	0.2×0.8	40	0.2×1	50	0.2×1.2	70.8
益智玩具	85	0.2×1	90	0.2×1.5	80	0.2×0.8	90	0.2×1	90	0.2×1.2	96.4
童车	90	0.2×1	80	0.2×1.5	70	0.2×0.8	70	0.2×1	60	0.2×1.2	81.6

进行加权计算，如奶粉最终加权总分为：80×0.2×1+80×0.2×1.5+90×0.2×0.8+50×0.2×1+30×0.2×1.2=71.6，同样，计算出其他产品的加权得分如表 3-6

所示。发现益智玩具这款产品的分值最高，且遥遥领先于其他产品，因此可以挑选此款产品作为主推产品。

使用此种方法有两个关键点，一是加权系数的调整。这需要考虑选品的目标，如作为短期售卖商品还是长期售卖商品？另外还需要利用各类数据分析工具了解相近商品的市场销售现状及其影响因素来做参考。二是选品专家小组打分的准确性。专家打分本身也是一种主观的判断，之所以要利用专家小组打分，其目的也是减少主观性经验带来的判断误差。通常在选品阶段，感性认知和理性认知缺一不可，因此要保证打分的准确性，选品专家组成员应该具有丰富的选品经验和商品的判断能力。

实战训练

某内容电商创业团队通过内容细分领域、用户群体特性选出两款意向产品，分别是产品 1 和产品 2，选品专家小组成员分别为专家甲、专家乙和专家丙，通过结合选品目标等实际情况确定此次选品的五项指标权重分别调整为 0.8、1、1.2、0.7、1.2。专家甲对产品 1 和产品 2 的评分分别是（60，70，80，50，85）和（70，60，90，60，75）；专家乙对产品 1 和产品 2 的评分分别是（80，70，75，70，85）和（90，30，40，70，80）；专家丙对产品 1 和产品 2 的评分分别是（80，80，90，70，60）和（30，80，60，70，60）。根据以上信息，填写内容电商选品模型加权分析表到表 3-7 中，确定两款产品的选品优先级。

表 3-7　加权分析表

商品	产品功能	加权系数	产品颜值	加权系数	产品价格	加权系数	质量可靠度	加权系数	市场替代性	加权系数	加权总分
产品 1											
产品 2											

// 3.4 内容电商选品的技巧

每一个内容电商运营者选品的方式、方法可能有所不同，其选品的技巧也有差异，但有些技巧是内容电商选品相通的，常见的选品技巧有以下几个。

3.4.1 选择满足受众心智暗门的产品

内容电商运营者可以通过研究用户心智，增强用户黏性。例如，蜗牛家的粉丝中绝大部分是"90后"，在经过与粉丝的交流和互动后，蜗牛家发现自己的粉丝好奇心特别强烈，喜欢创意和个性化的产品。于是蜗牛家在商品选品时向创意和各类特色主题产品做倾斜，更精准化地触达他们的需求点，以此提升内容电商运营效率，不仅提高了销售转化，还增强了用户黏性。这就是选择满足受众心智暗门的产品后的效果。

那么用户到底有哪些心智暗门呢？总结下来，用户心智无外乎有这六个特点，如图3-13所示。

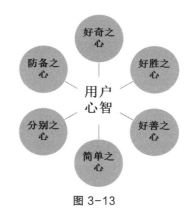

图 3-13

1. 好奇之心

对事物存在好奇之心是人类的一种本能。新奇好玩的东西会自动引发人们的好奇之心，并驱动着人们克服阻碍，开始探索。也就是说，"有意思"的商品会引发用户的"好奇之心"，而"好奇之心"推动人们追求"有意思"的商品。苹果手机开始之所以能够吸引众多用户的关注及热爱，很大程度上是因为它的无键盘设计、触摸屏控制这些精妙创新的设计强烈激发了人们的好奇之心。

2．好胜之心

好胜之心是一个人强烈渴望自己成为与众不同的个体，强烈渴望自己能够在群体中独领风骚的一种内在驱动力。他们意识层面的消费欲望很大一部分会受到所在群体的影响。在竞争中获胜，出人头地的内在驱动力，让用户不惜任何代价也要满足自己的"好胜之心"。地位、身价、出众性……这些都是好胜之心的载体，人们通过对这些东西的驾驭，可以向周边的人展示自己无与伦比的优越感。

所以我们看到有很多品牌会告诉用户"这是奢侈定制，这是独一无二，这是全球唯一，这是不一样的，这是专为你做的，这是匠心"等，因为东西稀缺，或者因为拥有了这个东西而感到优越，所以用户热爱这个品牌。

3．好善之心

所谓的"好善之心"就是人们克服自身的自私，而乐于为世界、他人做出力所能及的贡献，以追求尽善尽美的人性升华。我们信任素未谋面的人，愿意与之分享我们最重要的资产、我们的个人体验以及我们的生活，这个背后就是"好善之心"的凝聚与推动。

如果我们选择的产品能够让自己和周围人的生活、社会生活更加美好，好善之心的驱动，会让这款产品更容易被认可和传播。

4．简单之心

复杂是大敌，简单是真谛。选择的产品必须让顾客第一眼看到就知道它是什么，它有什么作用。下面引用一个案例。

相亲会，女孩问男士："你从事什么行业？"

男士："IT 和通信的周边服务。"

女孩："能具体一点吗？"

男士："智能高端数字通信设备触屏表面高分子化合物线性处理。"

女孩："能不能通俗一点？"

男士："手机贴膜。"

用户没有耐心和时间去了解什么是"智能高端数字通信设备触屏表面高分子化合物线性处理"，但是他很乐意知道"手机贴膜"。因为他马上能知道你是做什么的，他需不需要这个产品或者服务。

正是因为人们心智中天生有讨厌复杂、追求简单的特点，所以我们需要比别人更加专注和聚焦，以便带来更好的产品识别度和可见性。

5. 分别之心

面临过多的选择和信息，人们一方面倾向于排斥，一方面学会简化处理，将信息分类记忆。用户会在心智中构建心智爬梯，A 爬梯、B 爬梯、C 爬梯、D 爬梯……不同的爬梯代表了不同的品类，每个爬梯的每一层都有一个品牌，有些爬梯有很多层，但很少超过七层。绝大多数梯子非常短，只有两三层。选择的产品必须能在用户某一个心智爬梯中占据最有利位置，才能赢得用户的真爱。如果实在无法占据，也可以在用户心智中架设一个新的爬梯，并占据这个新爬梯的最佳位置。

6. 防备之心

用户对于企业传递给他们的信息天生持防备心理，特别是在决定掏腰包时，用户会持有最强烈的怀疑态度。纵然是与他有情感连接的内容创作者，最好提供真凭实据来解除顾客的疑虑。能让用户在最短时间内产生信任的真凭实据大致可以分为以下三类。

第一类：权威第三方的证明。如权威第三方发布的统计数字、排名、颁发的证书、奖状等。

第二类：顾客能自行验证的事实。如产品可感知特性、排队购买、品牌能见度、口碑等，也包括被广泛认可的关联认知。

第三类：品牌的有效承诺。如免费试用、按效果付费、无条件退款、先试用满意后付款、长时间免费保修承诺等。

懂得了用户的这些心智暗门，并且顺应选品，效果往往不会太差。

> **课堂讨论**
>
> 许多内容电商运营者在选品之前，都会让选品专家亲自把关。在亲自使用和体验产品并将体验的过程创作成内容。为什么要这么做呢？结合用户心智暗门的内容谈谈你的观点。

3.4.2　选择与内容调性相匹配的产品

关于调性，音乐词典里的解释是："对不同的调从心理的角度所赋予的不同特性，如大调的明朗、小调的柔和。"内容的调性是指内容各呈现要素所体现出来的用户的感知形象。内容调性融入了情感化因素，有调性的内容使得用户对内容本身产生归属感的同时，也会进一步对内容提供者产生归属感。

　　识别调性是一个偏感性的工作，往往需要一点直觉，但调性也是可以根据数据分析进行洞察的。也就是说，通过进行受众行为特征的数据分析，能更准确地了解目标用户，并推出与调性相匹配的产品。例如，利用大数据进行相关性分析，可将用户、客户和产品进行有机串联，对用户的产品偏好、客户的关系偏好进行个性化定位，这样有利于选出用户驱动型的产品，提供客户导向性的服务。用数据对用户和客户对待产品的态度进行挖掘和洞察，准确发现并解读用户及客户的诸多新需求和行为特征，是内容电商选品的技术趋势。

3.4.3　选择"三高一低"的产品

　　传统电商选品也有"三高一低"一说，即选择的商品最好具备高客单价、高毛利率、高复购率和低更新率，这样的商品选择便于传统电商实现销售利益最大化。

　　在内容电商模式下，客单价往往由受众的消费能力决定，并不一定是越高越好。例如，papi 酱做内容电商选品的客单价就不能太高，因为大部分粉丝都是草根族，其消费能力有限。内容电商中的用户黏性本身就比较强，选品不用太过考虑高复购率这一特点。另外，在传统电商中变化较快的产品（如时尚女装等）比较难做，但在内容电商环境下反而更好做了，因为变化，所以内容性会更强。内容电商选品的新"三高一低"分别是高毛利率、高相关性、高内容性和低曝光度，如图 3-14 所示。

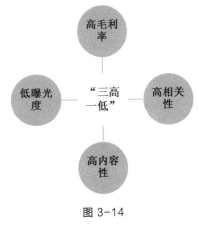

图 3-14

1. 高毛利率

　　内容电商跟传统电商一样，为了保障利润，毛利率当然是越高越好。在单独评估的场景下，内容电商的用户对价格的敏感度要低得多，一般不会陷入价格战，高毛利率可以较长时间保持。同时，高毛利率也是从经济上保障高质量内容不断创作的动力。

2．高相关性

内容电商的用户黏性一般都比较强，这是内容电商本身的特性，在选品时应该关注强相关性的产品。用户对某个产品使用后体验不错，他可能还会继续体验与之相关的产品。例如，小米通过丰富与小米手机相关内容输出和互动，让"米粉"对小米品牌的黏性不断增强，此时小米不断提供如小米发烧友机、小米充电宝等关联性强的产品，以满足用户的购买需求。

3．高内容性

内容电商应该选择内容性较强的产品，这样可以创作更有吸引力的内容，更好地吸引用户。产品的内容性可以体现在独特的功能、优秀的用户体验、优秀的设计上，也可以体现在产品品牌背后的故事和情感上。

4．低曝光度

内容电商选择的产品最好是低曝光度的产品，尤其是在各大电商平台还没有热卖，也没有在平台大量暴露优惠的产品。这样的产品不仅容易产生优质内容，同时不容易让用户进入联合评估的模式，更易产生销售转化。

实战训练

　　某内容电商运营者现在希望从以下三种商品中挑选出一种作为主推商品，其毛利率、相关性、内容性和曝光度经过量化数据处理如表 3-8 所示。请根据该结果帮助该内容电商运营者挑选出合适的商品。

表 3-8　商品数据分析

产品种类	毛利率	相关性	内容性	曝光度
产品 1	89%	90%	70%	25%
产品 2	70%	85%	65%	70%
产品 3	89%	85%	70%	25%

3.4.4　选择能够柔性供应的产品

内容电商在选择产品时，也要考虑该款产品是否能够柔性供应，即能够实现小批量、小品种和快翻单供货。因为内容电商运营者选对了产品，也激发了用户的需求，很容易会有大量用户参与到购买活动中来。为了满足用户的购物需求，必须准备充足的产品，保证货源，但也不能盲目囤积大量货物，否则，一旦用户的购物热情降低，会造成巨大的资金压力，这种做法不利于内容电商的发展。因此，选择能够柔性供应的产品很有必要。

说到柔性供应，必须先解释一下柔性供应链这个概念。所谓供应链柔性，就是指供应情况能根据用户的需求情况做出及时的调整。打造柔性供应链的核心点在于：精准化设计、精益化生产、弹性产能的预备、强有力的计划中心、可视化的生产线、单件流的生产车间模式、批量物流处理能力。

消费者越来越鲜明的个性标榜和审美主张，导致产品的需求越来越多样化，小批量快速更新产品变成必然趋势，柔性供应链在内容电商中越发凸显其重要地位。

// 3.5　内容电商选品的禁忌

内容电商选品的方法和技巧有很多，即使使用相同的方法和技巧，最终选品的效果可能也不一样，这是正常的现象。因为内容电商运营本身就是一个非常复杂的过程，选品正确不代表运营一定正确，但是选品有问题，运营一定有问题。在内容电商选品这一环节中，有些禁忌必需规避。

3.5.1　选择电商平台上的低价爆款

有人会质疑，选择低价爆款有错吗？爆款说明喜欢的人多，购买的人也多啊，这能有什么错啊。其实不然，电商平台上的低价爆款往往是通过较低的折扣和较大的广告投入让消费者产生购买行动的，这与内容电商的初衷完全背道而驰。

内容电商运营者费尽心机创作高质量内容，是为了长期与用户进行情感连接，其运营实质是满足用户在商品上的无形价值胜过实际价值，甚至针对有些人群，价格成为一个并不重要的参考因素。所以选择低价爆款产品时，如果定价高，因为产品的高曝光度，容易让受众进行联合评估，对性价比进行考核而放弃购买；如果定低价，可能会卖出很大的量，也会模糊内容受众群体的定位，让受众心生疑虑，减弱用户黏性。

3.5.2 选择品牌和产品已经画了等号的新品

一位美食内容创作者接了某大型品牌的一款凉茶，并且独家买断其互联网销售权，双方合作的条件之一是销量至少达到 500 万元。该内容创作者最终没能完成业绩，惨淡收场。究其原因，原来是大众已经直接将加多宝等同于凉茶了，也就是说，在看到凉茶时，已经认定是加多宝了。想象一下，当一个品牌已经为某个产品命名了，要费多大的力气才可以在一年内超越？如安利已经给蛋白粉命名，如果非要做蛋白粉，因为网络受众多，怎么也能网罗一部分客户，那为啥不选更容易做、更有机会给其命名的番茄红素呢？这样的产品更易通过内容电商出售。

3.5.3 选择有硬伤的产品

曾经有个美妆内容创作者做过一个防护用品，第一个月内就成交了 3000 多盒。但是，用户的评价并不高，甚至还让很多用户因此离去，因为大家用完没有看到真的效果，而其他同类产品虽然使用的技术相对落后，可是能明显看到改善的效果。所以有时候，体验和效果出现了不可兼得的情况时，要对这些问题进行排序，不能出现硬伤。

对于内容电商选品，同样的行业或者相似的内容创作者，其最终的选品思路和方法可能完全不同。千人千面，不能说谁对谁错，因为内容电商运营者的经历、视野和资源各不相同。同样一种产品，可能有的看到了机会，有的则看到了局限。但有一点可以肯定，那就是选定产品的销售表现数据都是真实的、客观的。毫无疑问，看完数据后，很多人都会对原有产品进行调整，有些人甚至会推翻原品，重新再来。无论如何，数据是指导专业运营团队的指南针。

课堂讨论

传统电商选品有哪些禁忌呢？你觉得这些禁忌也是内容电商选品的禁忌吗？为什么？

04 Chapter

第 4 章
内容电商之内容策划

通过阅读本章内容，你将学到：

- 内容电商的内容策划流程
- 内容电商的内容形式
- 内容电商的内容要素
- 内容电商的内容创作

// **4.1 内容策划流程**

麦肯锡在 2016 年的一份调查报告中指出：中国消费者正在逐步缩小与发达国家之间的差距，消费模式正在发生转变，消费结构与发达国家日益相像。到 2030 年，中国家庭全年在食物上的支出占比将下降至 18%，而"可选品"和"次必需品"的支出将显著增加，年复合增长率分别为 7.6% 和 6.5%。

随着消费观念的升级，人们购买产品不仅为了满足物质所需，而是有了更多精神层面的需求，人们更多地追求个性化、定制化及多元化产品。

2016 年的云栖大会上，阿里巴巴集团董事局主席马云表示："纯电商时代将很快结束，传统的电子商务在未来将会被淘汰。阿里巴巴明年将不再提'电子商务'一说，电子商务只是一条通往河岸两端的摆渡船，而融入大数据、人工智能的新零售模式在未来将取而代之。"传统的电商平台利用秒杀、满减、优惠券等价格战刺激消费，吸引流量促进成交。这种"价格战"在电商平台发展初期确实起到了很大效果，但效果只是短暂的，很快便会进入平稳期乃至衰退期。

随着时代的进步，各种商品琳琅满目、层出不穷。从理论上说，所有商品都可以被消费者买到，此时流量越来越稀缺，价格已不再成为消费者的首先考虑要素。相比而言，此时消费者不愿意将时间用在砍价优惠上，而更愿意以兴趣为依托，追求定制化及多样性。这时，内容消费成为一种趋势，消费者不再一味地追逐低价商品，更多地追求商品的独特性、稀缺性和个性化，内容电商将登上历史舞台。内容电商就是以内容作为产品的卖点，其本质就是用内容包装产品，用故事和情怀赋予产品生命力，将产品场景化，激发消费者兴趣，引起消费者共鸣，刺激消费者的购买欲望。

在内容电商环境下，内容是核心，在内容中，策划非常重要。内容策划的流程主要包括内容规划、内容制作、内容优化及内容 IP 化。

> **课堂讨论**
>
> 内容电商跟传统电商的区别是什么？试列举在现实生活中见过的内容电商例子，并分析你购买时的内心感受。

4.1.1　内容规划

并不是所有的内容都能激发消费者购买与转化。优质的内容才是内容电商时代最为稀缺的资源。内容电商中的内容规划包括内容定位、用户群体、内容投放、内容运营和数据统计。

1．内容定位

定位是内容规划最重要的一步，也是最基础的一步。定位清晰的内容，才能吸引精准用户，利于后期的推广和宣传。没有明确定位的内容，势必在知识的海洋中被替代。内容定位就是让用户知道你是谁，明白你在做什么。很多刚入门的内容电商创作者一味地迎合平台的流量而丢失了内容定位，如今天娱乐类内容阅读量大，他们便选择写娱乐八卦；明天情感类内容火爆，他们便追逐情感热文，这断然不是优秀创作者应有的作风。

内容定位决定了营销效果的天花板。有些领域做内容电商会有天然的局限性，如娱乐、搞笑等领域，其内容电商变现能力较弱。根据淘宝及今日头条等平台的研究，推荐以下八个领域可作为内容电商定位的方向，如时尚、家居、科技、汽车、母婴、美食、户外旅行、美妆。这八个领域的产品有的是刚需，有的是快消品，有的产品种类齐全。总之，这几个领域内容电商的转化率高，创作者可考虑作为主攻领域。

课堂讨论

在你认为比较适合作为内容电商定位领域的选项后打钩，如表 4-1 所示，并跟同学讨论原因。

表 4-1　内容电商领域

领域	是否	领域	是否
情感		数码科技	
历史		社会	
育儿		美食	
服装搭配		娱乐	
国际		旅行	

选择定位时，建议选择"自己擅长+有资源优势+持续输入"的领域，这样才能保证源源不断地输出，利于可持续化运营。例如，母婴类自媒体年糕妈妈，运营者是浙江大学医学硕士，也是宝妈。她平时注重孩子的培养教育，努力钻研育儿方法并积累实战经验，而且全职工作与育儿相关，故她具备别人无法拥有的资源优势。为了提升客户的满意度，她需要不断解决用户的痛点和难点，保证内容持续输入与产出。因此，年糕妈妈选择育儿领域便是非常明智和正确的。

2. 用户群体

用户群体是指根据年龄段、性别，且有长期的兴趣爱好、购物偏好等区分，具有明显特征的群体。例如，在阿里·创作平台，创作者写完内容后需要选择目标群体，如"气质名媛"对应的用户群体为"喜欢大气高端设计风格的女性，对自己中意的品牌有一定的品牌辨识度，购买力偏高，喜欢国外设计及国内外品牌，对事物有一定的审美和品味。"如图 4-1 所示。

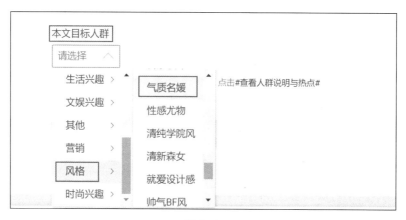

图 4-1

选择好内容定位，创作者需要明确用户群体，因为不同用户群体的需求不一样。创作者需要根据用户群体，提供符合他们调性的商品。例如，同样是美食自媒体，"野食小哥"与"李子柒"所生产的内容截然不同，这与其用户群体的差异有很大的关系。野食小哥占据的心智是户外野味美食制作，他的用户群体是比较喜欢追求新意、户外生活的；而李子柒打造的是逃离都市的恬静少女，她的用户大部分是喜欢田园风光、远离都市喧嚣的群体。用户群体通常包括用户性别比例、年龄分布、地域分布、收入水平、兴趣爱好及喜欢的文章类别等。创作者需根据用户群体做出清晰的用户画像，然后根据用户画像进行创作，从而满足用户的需求。

课堂讨论

职场自媒体"哈默"与美食自媒体"小怡"的用户性别比例及喜欢的内容关键词如图 4-2 所示。请根据图示结果，与同学们谈论哈默和小怡在内容构思及产品选择上有何不同。

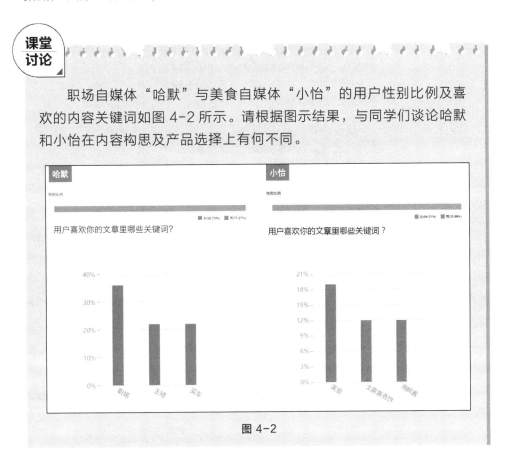

图 4-2

3. 内容投放

内容投放主要包括投放时间、频率及渠道。

投放时间对内容规划至关重要，创作者应对一年的时间进行统筹规划，如一些重要的时间节点及节日，如"618""双 11"、春节等，创作者需提前策划内容，根据用户群体的风格产出满足需求的内容。例如，创作者"家居精算师"在春节期间策划了过春节时的一些习惯和风俗，并根据内容调性插入"鞭炮串挂件"等商品，达到了很好的效果，如图 4-3所示。

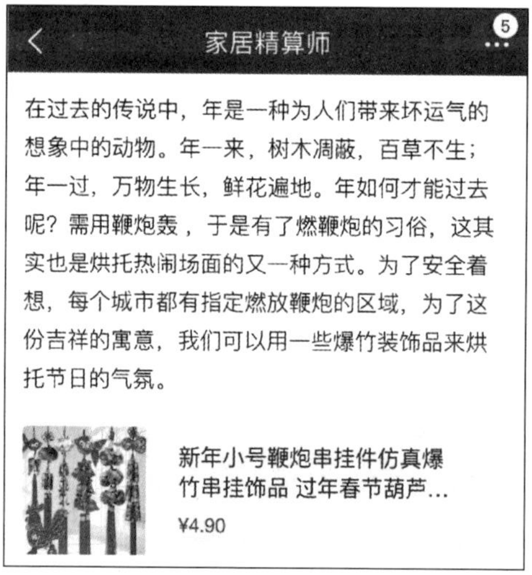

在过去的传说中，年是一种为人们带来坏运气的想象中的动物。年一来，树木凋蔽，百草不生；年一过，万物生长，鲜花遍地。年如何才能过去呢？需用鞭炮轰，于是有了燃鞭炮的习俗，这其实也是烘托热闹场面的又一种方式。为了安全着想，每个城市都有指定燃放鞭炮的区域，为了这份吉祥的寓意，我们可以用一些爆竹装饰品来烘托节日的气氛。

新年小号鞭炮串挂件仿真爆竹串挂饰品 过年春节葫芦...
¥4.90

图 4-3

不只一年的时间节点需要规划，就连一天之中投放的时间也需要创作者合理安排。本书作者统计了自己在今日头条平台上"10W+"爆款文章的发布时间，发现80%的爆款文章发布于21—22点。通常情况下，早上7—8点为上班早高峰，中午11—13点为午休时间，17—19点为下班晚高峰，20—22点为睡前时间，这几个时间节点投放文章效果更好。

投放频率对内容规划影响重大。创作者进行内容电商运营时，最好保持每日更新的习惯，这样才能不断提高粉丝黏性，确保品牌和商品被极大地曝光。对于短视频创作者来说，投放频率可能无法达到每日更新，此时也应确保投放的频率固定，从而养成粉丝按时查看的习惯。

除了投放时间及频率外，投放渠道的选择也是创作者应该考虑的要素。有的创作者是淘宝达人，此时可以在淘宝系渠道如微淘、淘宝头条、有好货等频道投放内容；有的创作者是自媒体人，则可以在微信公众号、新浪微博、今日头条等新媒体平台投放内容，从而策划内容电商等。不同的创作者，渠道选择不同，但选择的依据应确保内容电商转化率最大化。当然，如果有可能的话，最好进行全网络整合铺设，这样不同平台的粉丝都能看到你的内容，促进商品转化与成交。例如，小闯并不是淘宝红人，微博粉丝也不多，但其今日头条粉丝过万。小闯便在今日头条进行内容电商的策划，通过优质的短视频内容推荐相应的商品，从而达到内容电商极大的转化效果。

4．内容运营

内容电商包括用户运营、内容运营、产品运营三大部分。

用户运营即拉新与促活。创作者通过加大品牌曝光度，从而吸引更多新用户；积极与粉丝互动、回复粉丝留言、为粉丝提供更多价值，增强粉丝黏性。用户运营是提高复购率的重要保证，也是提升个人品牌的有效武器。产品运营即选择满足用户需求的产品，确保产品品质，满足供应需求。经纬创投王华东曾说："内容型社交产品在商业化的路径上，切记不要伤到用户；推进商业化应该是一种对用户体验的增值行为，而不是要榨干用户的价值。"产品运营做不好极易伤害用户，难以持续化运营。除了用户运营和产品运营外，本节重点讲述内容运营，这也是内容策划时必不可少的环节。

内容运营需要创作者进行用户及市场调查，不断产出满足用户需求的内容。同时，内容运营需要创作者生产差异化和垂直化的内容。

所谓差异化，即创作者被用户快速记忆的标签，这样才利于从众多内容中脱颖而出。没有差异化，内容不具备竞争力，无法在用户脑海中形成长久记忆，不利于内容电商的扩散传播。要做到内容差异化，创作者需要有自己的风格、个性及观点，从而在大量内容中凸显出来。例如，知名自媒体人六神磊磊和咪蒙，二人的内容都具有自己独特的风格，从而利于品牌建立及扩散。要想内容具有差异性，创作者需要提前进行市场调研，对同领域大号进行细致的研究，分析同类内容的切入点及表达方式，并请教专业人士，从而结合自身优势找出不同于他人的内容创作之路。

在如今流量越来越贵的情况下，精准流量变得尤为重要，此时内容创作者需要做好垂直化运营内容。所谓垂直化，即要求创作者在一个领域进行内容输出，如育儿、美食、汽车等。流量分为两种，即泛流量和精准流量。泛流量不具有太大的商业价值，而精准流量的商业前景更广阔。泛流量，如某搞笑类创作者，其用户群体属性分散、需求不一，此时做内容电商效果不太好；精准流量，如某育儿类创作者，其创作专注在育儿领域，用户群体集中，当其推广奶瓶、奶粉等育儿产品时，其变现能力更强。垂直化运营可以确保创作者精准流量的获取，也利于不断积攒个人势能，打造个人品牌。垂直内容的粉丝就是未来内容电商的用户，商业潜力巨大。

当然，除了差异化和垂直化之外，创作者还要确保稳定性输出。如果仅仅坚持一段时间的内容运营，而不注重可持续性，创作者断然无法形成广泛的用户积累。因此，创作者还要确保不断输出，进行稳定性更新。

5. 数据统计

内容规划的最后一步是数据统计，创作者需要对每次数据进行统计与汇总，从而不断积累经验，提升内容电商的运营效率。很多创作者对内容电商先在小范围内进行效果测试，如果效果好，再加大广告宣传力度。创作者可以在阿里妈妈后台查看某次内容电商的推广效果，如图 4-4 所示。

图 4-4

数据统计包括阅读数、评论数、付款笔数、收益、支付转化率等参数。当然，如果将内容投放至某些微信大号进行广告宣传，还要考虑投入产出比。例如，内容足够优质，你投入某微信公众号进行广告宣传，如果投入 1 元广告费，通过数据统计发现可以赚回 5 元，此时就可以继续加大用户群体相符的其他微信公众号进行宣传，确保内容电商的最大转化效果。

课堂讨论

你在阅读微信公众号的文章时是否见到其推送他人的文章？试分析此文章在这个公众号推广的缘由。

4.1.2　内容制作

通常，内容电商需要建立三个资料库，以提升运营效率。这三个库分别是标题库、素材库和产品库。在内容制作阶段，创作者需要建立标题库和素材库。

1. 标题库

知名广告人大卫·奥格威在《一个广告人的自白》一书中说："标题在大部分广告中都是最重要的元素，能够决定受众到底看不看这个广告。一般来说，读标题的人数是读内文人数的 5 倍。换句话说，你所写标题的价值将是整个广告预算的 80%。"虽然内容电商不同于广告设计，但标题对二者的重要性相当。试想一下，没有一个好的标题，没人点击，再好的正文内容也无法被传播，更谈不上电商变现了。因此，创作者在内容制作时要重点建设标题库。

建立标题库的最好方式是频繁刷爆款文章的标题，总结命名套路。前期以积累模仿为主，后期有针对性地进行创造。当然，在不同的平台上运营内容电商时，创作者应尽量对该平台上的爆款标题进行整理、分类与总结，因为不同的平台具有一定的差异性，标题命名稍有不同。创作者也可以利用内容服务平台，快速对爆款文章的标题进行整理收集，如"新榜"平台，如图 4-5 所示。

图 4-5

创作者也可以将自己在平台上写的爆款文章的标题进行整理收集，毕竟亲自尝试成功的标题才是真正的源素材，更利于经验的积累。例如，在今日

头条平台上有"爆文"选项卡,如图 4-6 所示,创作者可以单击此选项,收
集整理"10W+"爆文的标题。

图 4-6

创作者需要对标题进行反复迭代和复盘,最终将真正试验成功的标题入
选"标题库"。创作者最好将标题库存储在云端,如印象笔记或有道云笔记
中,便于随时查询和提取,如图 4-7 所示。

图 4-7

2. 素材库

在内容制作过程中,也要注意素材库的整理,这样可以提高每日更新的
效率,提高内容电商的转化效率。素材库包括图片库及内容库。图片库用于
对文章的头图及优秀商品图进行整理收集,这样可以提高创作效率。文章的
图片对整体阅读效果起着至关重要的作用。一张精致优美、与文章内容相得
益彰的图片,可以给用户舒适体验感的同时提升内容电商的运营效果。

创作者进行内容产出时,最好避免使用相同的图片,否则不利于推荐及
阅读体验,因此增加图片库的收集是极佳的方式。例如,本书的作者是职场

领域的达人，平时注意收集和整理职场类图片，如今已超过 500 张，如图 4-8 所示。对于图片的使用，创作者最怕的是版权纠纷。当然，有些平台配有自己的免费正版图库，如百度百家号、今日头条等，创作者可以放心使用其正版图库。

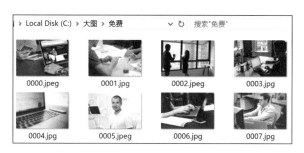

图 4-8

除了图片库外，创作者还需收集整理内容库。内容库包括内容电商优秀文章、文章排版、商品推荐语及引导下单话术等。在内容库中，创作者也可以收集同类大号卖得比较好的产品，查看其产品推荐方式及引语介绍，便于推荐相似产品，提升电商转化效果。

实战训练

研究三个让你快速下单的内容电商产品，分析其图片、文章结构、排版形式、引导话术等，并将其收集在你的图片库和内容库中。

4.1.3　内容优化

创作者完成内容制作时，还需对内容进行优化。

内容优化主要是对内容进行审查，避免出现违反平台规则的情况，以确保创作者能够长久存活。每个平台都有其平台规则及注意事项，如淘宝系平台禁止使用带 Logo 的图片，今日头条禁止添加营销推广信息（如个人微信号）等。创作者进行内容优化时，一定要严格遵守平台规则，使内容在合规范围内增加曝光。例如，创作者在阿里·创作平台发布内容时，可以单击"创作平台发布指引"查看内容发布规范，从而对内容进行优化，避免违规，如图 4-9 所示。

图 4-9

查看阿里·创作平台的内容发布规范，并与同学们讨论此平台对帖子、视频、清单、单品、搭配/图集的内容有何具体要求。

4.1.4 内容 IP 化三步曲

在秋叶、秦阳所著《如何打造超级 IP》一书中指出："在传统知识体系，IP 是知识产权（intellectual property）的缩写，指关于人类在社会实践中创造的智力劳动成果的专有权利。不过现在的中国影视圈可不只把 IP 看作是知识产权，在电影人眼里，IP 可以是一个完整的故事，也可以是一个概念、一个形象，甚至一句话；一个好的 IP 可以延伸到不同领域，音乐、戏剧、电影、电视、动漫、游戏……但不管形式如何，一个具备市场价值的 IP，一定是拥有一定知名度、有潜在变现能力的东西。"

IP，简单来说就是指能持续产生优质内容的品牌。无论是内容本身还是创作者，都有可能成为 IP，而一旦成为 IP，其商业价值潜力巨大。例如，《盗墓笔记》起初只是一部网络小说，随着小说的火爆延伸出电影、游戏等产品，成为一个超级 IP；罗振宇凭借持续输出优质内容，也逐渐成为个人 IP。所以，无论是内容还是创作者，都有机会成为 IP，构建新的商业模式。

最好的内容形态是自主成为 IP，当然，这需要走很长的路。内容 IP 化需要经历三个步骤，分别是主动贴合超级 IP、与知名 IP 合作、自主孵化 IP。

1. 主动贴合超级 IP

创作者开始生产内容，个人或内容 IP 尚未建立时，可以采取"抱大腿"法则，主动贴合超级 IP，从而使内容获得极大的曝光。在淘宝系平台，时装搭配类内容电商经常用到"某明星同款"等字眼，其实这也属于主动贴合超级 IP；在科技类内容中经常会出现"马云""马化腾"等表述，这也是为了提高内容曝光量而采取的主动贴合超级 IP 的方法。例如，淘宝头条上有篇文章，题目是"2017NBA 全明星赛战靴大盘点"，内容主动贴合 NBA 比赛，分析比赛结果及球星战靴的性能，在文章中推荐与全明星同款球鞋，从而达到很好的效果，如图 4-10 所示。

北京时间2月20日，西部明星队以192:182击败了东部明星队，"浓眉哥"戴维斯39投26中，砍下了52分10篮板的两双数据，打破全明星历史单场得分纪录，前纪录是威尔特-张伯伦的42分。至此，"浓眉哥"戴维斯如愿摘得本次2017全明星赛最有价值球员称号。

图 4-10

2. 与知名 IP 合作

当内容或产品具有一定的口碑和影响力时，创作者可以跟知名 IP 合作，以加大品牌宣传力度，同时增强内容电商转化率。例如，惠氏启赋在儿童节前期为其奶粉做宣传和营销，它根据其超高端的品牌定位，选择了育儿理念与品牌契合的知名 IP 吴尊合作。这次活动在美拍和淘宝上同时直播。吴尊在直播互动中分享了自己的育儿观念及奶粉选择标准，并以亲身经历讲述了使用此奶粉的感受，提升了说服力。此次直播不同于以往的传统广告，消费者不再是被动接受，而是积极参与互动。直播过程中以消费者为第一视角，满足消费者个性化、多元化的需求，从内容上打动消费者，并促使消费者产生"边看边买"的转化。据统计，吴尊这次仅一个小时的直播期间，淘宝直播总观看人数达到 7.4 万人，美拍直播总观看人数达到 8.2 万，在两个平台上的直播互动数达 137 万次，直播期间的单品转化率高达 36%，是平时惠氏启赋电商平台转化率的 7 倍多，总销售额达到 120 万元。

随后，吴尊在其新浪微博大号上对品牌做进一步宣传推广，进一步提升了惠氏启赋的影响力，如图 4-11 所示。这次活动足以看出内容电商与知名 IP 合作的强大势能。

吴尊 V
2016-6-5 18:47 来自 iPhone 6
#吴尊驾到# 陪neinei和max两个宝贝长大，是超幸福的体验😄😄😄不想去限制他们...只想让他们的天赋自由展现；在营养支持上，我真的从小就给他们最好的天赋之选"启赋二代"，希望我的宝贝们都成为"赋"二代 😄💪#启赋天猫超级品牌日# 现在拥有很超值...trust me,it's time to try😊→ #illuma.m.tmall.com#
收起全文 ∧

图 4-11

3. 自主孵化 IP

打造内容最好的方式是自主孵化内容或者创作者成为 IP，这样既节约了流量成本，也更利于品牌的扩散和转化。《还珠格格》由一部小说到家喻户晓的"现象级"电视剧，延伸至文具、游戏等周边产品，最终也自主孵化出赵薇、范冰冰等超级 IP。一部系列化产出的优质内容，让内容和演员都成为超级 IP，这也是内容产出的最佳形态。

《如何打造超级 IP》一书中提到："打造 IP 需要具备三个关键点，①抓住时机，打造爆款产品；②多平台占位，快速积累粉丝；③系列化产出。"2017 年，自主孵化 IP 成功的典范当属"办公室小野"。2017 年 2 月，"办公室小野"开始发布短视频，历经 288 天，她从办公室小职员成为亚洲第一短视频创作者，全网粉丝超过 2000 万人。

"办公室小野"借助短视频红利时机，精心打磨内容，发布的第四段短视频"饮水机煮火锅"便刷爆了今日头条及朋友圈，成为爆款产品。打造出爆款产品后，小野开始多平台占位，快速积累粉丝。她在新浪微博、今日头条、美拍等各个平台快速扩散影响力，积累粉丝。当然，如果仅仅是单个爆款而不进行系列化产出，一个 IP 很难持续存活。"办公室小野"持续抢占"办公室"场景，打造脑洞大开的创意视频，持续化产出"针织方便面""电熨斗烫肥牛""电钻棉花糖"等爆款内容，最终自主孵化出超级 IP。

实战训练

查询资料，总结"papi 酱"成为超级 IP 的缘由，试着从上一小节讲述的三个方面进行分析和阐释。

// 4.2 内容形式

创作者在进行内容策划时，内容形式也非常关键，这会决定了电商转化的效果。在内容电商中，其内容形式要做到轻量化和场景化。

4.2.1 内容形式轻量化

内容电商比较关键的数据指标是产品销量。如果内容形式太过陈旧、复杂，无法激起用户的阅读欲望，转化效果自然不会好。因此，在内容电商中，内容形式要尽量轻量化。

轻量化并不是指内容文字的多少，而是指它的形式最好符合当前用户的阅读习惯，容易抵达用户终端。常见的轻量化内容形式有 H5、微信小程序、短视频和问答等。

1. H5

H5 是 Html 5 的简称，现多指用于微信上传播的微场景。用户通过二维码或者转发链接，可以直观地体验互动，场景可以包括图片、视频、音频、导航、产品链接等多种样式，是新的移动互联网内容模式。

H5 可以给用户提供多种模式的动态体验，给用户身临其境的感受及丰富的阅读体验。例如，大众点评推出的 Smart 售车，主题为"机会你不试，永远不会亮"，其内容形式采用的便是 H5。它从动物模拟、互动设计、音效展示、商品展示等都极具创意，让用户如玩游戏般地跟随内容不断深入，产生极佳的购买体验，如图 4-12 所示。

图 4-12

H5 能让用户尽享内容的乐趣与价值，从而激发用户的购买欲望，提高产品的销售量，是极佳的轻量化内容呈现形式。

课堂讨论

大众点评在"吃货节"做了一个美食打折活动，采用了 H5 进行内容宣传。请与同学们讨论此活动采用 H5 售卖的好处。

2. 微信小程序

微信小程序不是 App，它是微信内部运行
的应用，用户无须下载、安装、注册和卸载，
是非常轻量化和灵活的应用形态。"微信之父"
张小龙曾在微信公开课中说："小程序是一种
不需要下载、安装即可使用的应用，它实现了
触手可及的梦想，用户扫一扫或者搜一下就能
打开应用，也实现了用完即走的理念，用户不
用安装太多应用，应用随处可用，但又无须安
装卸载。"如今，用户打开微信手机客户端，
在首页处向下拉，就能看到最近使用的"小程
序"界面，非常快捷方便，如图 4-13 所示。

图 4-13

内容电商在内容宣传中也可以采用小程序这种轻量化的应用，以提高转
化效果。例如，小程序"礼尚往来礼品平台"销售云南特产、中药材、普洱
茶等产品，当用户被内容吸引后，无须下载、安装 App，而是直接在微信内
完成下单支付，方便快捷，如图 4-14 所示。

图 4-14

3. 短视频

短视频在内容电商方面有着先天的优势，短短几分钟的视频包含大

量图文不具备的信息，提升用户的参与感并让用户产生共鸣，符合当今碎片化时间的阅读方式，属于轻量化内容形式的极佳展现途径。例如，时尚达人 MK 凉凉，微博粉丝 140 多万，经常在视频中分享美妆、护肤等经验，并与粉丝们积极互动。在视频中，MK 凉凉亲自示范各种护肤产品的用法，提升用户信任度及参与感，达到了很好的电商转化效果，如图 4-15 所示。

4．问答

当现实生活中出现难以解答的疑问时，用户往往习惯上网搜索答案。通常，用户在浏览某类问题的答案时也有这方面的困惑，这就为内容电商提供了新的内容形式。

问答类（如头条问答、百度问答等）是一种轻量化的内容形式，创作者只需在自己擅长的领域有针对性和专业性地回答问题，并在答案中推荐某些产品，往往会得到极高的转化效果。例如，在头条问答中有个问题是"如何在一年内挣八万元？"创作者建议用户先深入研究一项技能，然后阐释了自己学习 PPT 技能及周围无数朋友因 PPT 而收入巨大改变的例子，并推荐了"和秋叶一起学 PPT"网课产品，获得了用户很大的认同及转化效果，如图 4-16 所示。

比如，2015年我开始深入研究PPT技能，了解这个圈子后，周围很多小伙伴在网络上售卖PPT模板或定制模板，年入数十万。

比如如今网络PPT大神秋叶，其在网易云课堂上开设的PPT课程，价值几百元的课程数万人学习，单就这一门课程就可带来百万的收益。

建议小伙伴业余充分发展一项技能，等实力强劲了，八万元的目标即实现。这就是所谓的在乐中学习与输出，而且实现了价值变现。

图 4-15　　　　　　　　　　　　　　图 4-16

关于上面讲解的四种轻量化内容电商形式，你在现实生活中见到过几种？跟同学们讨论一下，并阐释采用这种内容形式的优势。

4.2.2　内容形式场景化

场景化可以提高用户的代入感，让用户在一个故事、一个情景中产生共鸣，增强用户的情感连接，使产品的转化效率更高。李开复在"2016 年移动电商未来之路"的一个沙龙中曾分享说："App 也好，自媒体也好，怎么样能够构造场景，能够从消费者的观点出发，能根据消费者当下的场景需求提供非常有意义的产品或者服务，或者是对消费者做一个非常好的洞察，然后做一个细分，这样才能够将电商的运营从流量的运营转变成一个人群的运营，从一个经验的运营到一个数据化方面的运营和决策。"

2016 年，李开复关于未来电商的预测如今已成现实，场景化内容已成为内容电商不可缺少的一部分。场景无处不在，时间、地点和人物不同，构建的场景也有差异。互联网消费者实质上是内心情感需求的消费行为，而有时候这种需求并没有刻意凸显出来。创造者做内容电商时，需要搭建不同的场景，从而引导消费者，激发其购买需求。

构建内容场景化时，创作者可以从以下三个方面进行考虑。

1．提前规划场景

内容电商创作者忌讳不进行场景规划，让消费者自己想象使用场景，这样的内容，转化率注定不会太高。

提前规划场景，意味着在内容电商创作之前，创作者应提前对消费者的使用需求进行预判，也可以结合传统节假日进行提前规划，这样才能有的放矢，提升销售数据。例如，"唯库"推出龙兄的"人生赢家必备的十二堂说话课"时，便提前规划了预设场景，如"集体面试时""向上级汇报工作""和朋友相处""向喜欢的人表白"等，并将其呈现在内容的前半部分，以达到更好的转化效果，如图 4-17 所示。

2．与用户工作生活相关联

在打造使用场景时，场景的选择一定要与用户的日常工作生活相关联，这样才能引发用户共鸣，到达事半功倍的效果。

做内容电商时，创作者需要提前对用户群体进行分析，打造与用户群体调性一致的使用场景。如果你的用户群体是大学生居多，此时你构建去打高尔夫的使用场景，效果肯定大打折扣，因为这与大学生日常工作生活并不相关。例如，某育儿领域达人的用户群体大多数是 0～3 岁的新生儿爸妈，她在搭建使用场景时，便从婴儿乳牙整个生长历程出发，提出使用场景及解决方案，如图 4-18 所示。这个使用场景与用户日常生活关联性强，达到了很好的转化效果。

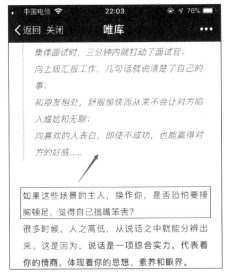

图 4-17

图 4-18

3. 场景多样化设计

创作者如果仅仅搭建一个场景，可能会损失大多数用户群体，毕竟用户群体的需求不一样。创作者进行内容场景设计时，一定要进行多样化设计，尽量囊括更多不同的使用场景，达到更高的转化效率。

创作者可以研究用户一天的行为习惯及出现的场景模式，也可以将不同领域的场景进行重组融合，从而构建多样化的场景需求，如星巴克搭建的是"咖啡+商务"的使用场景；而雕刻时光构建的是"咖啡+图书"的使用场景。场景的不同搭配与融合也能构建更多样化的场景设计。例如，轻生活在推荐"纯棉巾"时，设计了涵盖很多领域的场景，如婴儿护理时、洗脸时、卸妆敷脸时、日常清洁时、厨房清洁时、包裹食物时、旅行时等各种场景，几乎让每个人都能将其用于自己的工作生活中，激发了多样化购物需求，提高了转化效果，如图 4-19 所示。

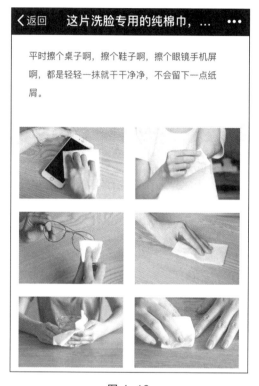

图 4-19

　　现实生活中，你见过哪些进行场景化设计的内容电商？与同学们交流，并讨论这样设计的好处。

// 4.3　内容要素

　　百度百科对"要素"的定义是：构成一个客观事物的存在并维持其运动

的必要的最小单位，是构成事物必不可少的因素，又是组成系统的基本单元，是系统产生、变化、发展的动因。所谓内容要素，是指内容电商中构成内容必不可少的元素，也是策划内容时必须考虑的元素。内容要素主要有三个——吸引、认知和转化。

4.3.1　内容策划三要素

创作者进行内容策划时，定要将三要素包含在内容中，否则起不到很好的销售效果。

1. 吸引

内容首先要有吸引力，这样才能激发用户的阅读兴趣及购买欲望。一个无法吸引用户的内容，断然达不到很好的电商转化效果。市面上有很多文案图书，对如何引发用户吸引力做出了详尽讲述，如在《新媒体文案创作与传播》一书中提出了四种吸引注意力的方法，分别是——与"我"相关、制造对比、满足好奇和启动情感。当然，文案写作中很多吸引用户注意力的方法可以用到内容电商创作中，但在内容电商中吸引用户注意力有两点最为关键——以用户为出发点和激发好奇心理。

以用户为出发点，就是在吸引用户时要以满足用户需求、解决用户问题、给用户提供价值等为着手点，切莫自我夸耀产品，使用户产生厌烦心理。例如，1992 年出生的淘宝美妆主播李佳琦，在网络上被称为"淘宝口红一哥"。为了让用户感兴趣并有真实的体验，李佳琦每天直播要试口红 300 多支。要知道，口红对嘴唇有损伤，很多女生试 3 支嘴唇就会疼，但李佳琦凭着专业及解决用户问题的方式，亲自试一遍所有口红的颜色，以达到对用户负责的态度，如图 4-20 所示。就这样，李佳琦过去一年完成了从月薪几千元到年入千万元的转换。

如今，消费群体越来越年轻化，他们不仅满足于物质需求，而开始追求个性、定制化、有创意的产品体验。此时，激发用户好奇心理，便可以成功吸引用户关注。例如，某育儿达人在推荐纸尿裤时，她提出了剩下的纸尿裤别扔，可以用作"冰袋""尿布""盆栽营养剂"等新奇用法，激发了用户的好奇心理，并成功推荐了纸尿裤产品，达到了很好的转换效果，如图 4-21 所示。

"我为什么做淘宝直播，我的本职工作是让粉丝用最少的钱买到最合心的东西。年入千万，我说句实话，我如果不给粉丝要优惠券，直接让商家把这些钱给我的话我会赚得更多。"李佳琦走红后，不少网友都关注了他的收入，而忽略他工作的专业性和辛苦程度。

图 4-20

【自制冰袋】

纸尿裤之所以能瞬间锁住液体，是因为纸尿裤中夹杂许多的吸水分子。一些妈妈们想出了妙招，将剩下的纸尿裤用清水打湿，然后放在冰箱中，制作成冰袋。小宝宝免疫力低，时常会发烧，这时候就可以用冰箱里储存的纸尿裤冰袋，作为宝宝发烧退热贴使用。宝宝生性好动，一不小心就容易发生磕碰，这时候用冰袋冷敷，也能起到快速止疼的效果。

 年货节 【直营】日本进口 花王M
erries婴儿宝宝纸尿裤 ...

￥79

图 4-21

2. 认知

单单让用户对内容感兴趣还不够，创作者还需要让用户对产品产生信任感，认识到此产品可以提高生活品质。提高认知的方法有很多，如《新媒体文案创作与传播》一书中提出七种方法可以提高信任感：用权威、反权威、用细节、用数据、客户自证、示范效果、说愿景。当然，这些方法对内容电商依然有效，这里着重讲解两点提高认知的切实效用的方法——用权威和用户真实反馈。

用权威来进行内容描述，可以提高产品的信服力，如普通人总结的时间管理方法经验肯定不如比尔·盖茨总结的更有说服力。可以用权威人士的推荐语来展示权威，也可以用产品达到的高标准认证等级来自述权威，这都可以提升用户对产品的认知。例如，十点课堂推出一堂产品课是"高效生活管理术"，内容中为了突出这门课程的权威性，指出此讲师是首位被 BBC、CCTV NEWS 报道的中国整理师，被誉为"中国管理界第一人"，并说明何炅、吴昕都惊叹于她的整理魔法，从而让用户更加信任，增强说服力，如图 4-22 所示。

用户真实反馈信息是提升产品认知的极佳方式。创作者进行内容策划时，也要注意平时口碑的积累，进而将用户口碑真实地展现在内容中。例如，

BetterMe 在推广"头条电商训练营"产品时,在内容中放置了大量学员的真实反馈截图,大幅度提升了产品的信服力,从而一天之内便完成了转化目标,产品一抢而光,如图 4-23 所示。

当她首次提出"中华整理术"时,便风靡世界,被新华社、香港大公报、中国青年报争相报道;她更是首位被 BBC(英国最大的新闻广播机构)、CCTV NEWS 报道的中国整理师,被誉为"中国整理界第一人"。

图 4-22

图 4-23

3. 转化

内容电商的目标是商品转化,提高转化率可以大幅提升产品的销售数据。在内容电商中,提高商品转化率有三个要素,分别是符合用户群体、稀缺性和付费路径短。

符合用户群体意味着你的价格要符合用户的正常消费水平。价格过高,即使用户感兴趣且信服产品,他们也很难转化并购买,如某时尚达人的用户群体是大学生,她在推荐服装时价格一般控制在 200 元以内,这样才符合用户群体的消费需求。

稀缺性意味着库存稀缺或者价格稀缺,如提示某产品库存量不多或限时优惠等活动。总之,稀缺性能让用户产生消费冲动,快速下单转化。

付费路径越长,中间环节越多,转化率越差。优化付费路径,让用户以最快速度完成购买行为,利于转化,如某些产品在微信公众号中推送内容,文末扫码付费,扫码后需要跳转第三方平台,极大地延长了付费路径,不利于提高转化率;而有些产品,直接点击便可以微信支付,极大地提升了转化效果,如图 4-24 所示。

图 4-24

搜集你遇到的内容电商例子，分析其内容是否具备以上三个要素，并与同学们讨论它是如何进行这三个要素的设计的。

4.3.2　图文内容

在内容电商中，产出内容的主要方式为图文、图集、视频、直播。不管是哪种内容方式，内容策划时最好包含上一小节的三个要素，这样才能达到更好的转化效果。

创作者做内容电商时，图文形式非常常见，尤其在微信公众平台。图文以文字和图片的方式混排，营造良好的场景体验，从而促进商品销售。例如，"斑马精酿啤酒"在做内容电商时，图文内容便融合了三大要素（吸引、认知和转化），单篇图文销售额达数十万元。首先，它以用户为出发点，推出不同于"工业啤酒"、新奇又好喝的精酿啤酒。它从用户利益出发，指出"工业啤酒"喝多头痛的原因，并提出解决办法，即喝精酿啤酒。此举吸引了用户注意力，激发用户好奇心，成功完成"吸引"要素。其次，它用吉克隽逸、黄磊等明星做权威背书，并提供真实的用户反馈评价，如图 4-25 所示，进一

步赢得用户信任，成功完成"认知"要素。最后，它的价格并不贵，每瓶十
几元钱，符合用户群体；这种啤酒在国内并不多见，并且给出限时粉丝优惠，
充分调动产品的稀缺性；在付费方面，它提供了二维码直达购买链接，方便
快捷，顺利完成"转化"要素，如图 4-26 所示。

图 4-25

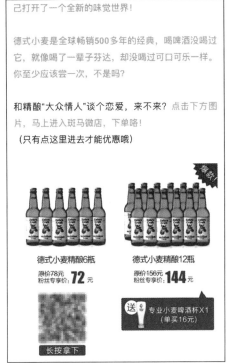

图 4-26

课堂
讨论

　　根据本节所学，请收集一个图文内容电商的例子，并分析其内容
中是否包含三大要素。

4.3.3　图集内容

　　图集也是如今快捷、流行的内容电商表现形式，它可以一次放置多张

图片，配上简短的文字烘托购物场景。图集比图文创作要更简单，且一天可以发布多篇图集。例如，某篇卖体脂秤的图集便充分利用了内容三要素，阅读量达到最近 20 篇文章的最大，转化效果也不错。首先，这篇图集由 7 张图+配图文字组成。它以用户为出发点，指出用户普遍体重测不准的原因，并推出精确、智能的体脂称，激发用户兴趣，成功达到"吸引"要素。其次，它用 FDA 认证作权威背书，用某乎精确度排名第一作为客观反映用户的反馈意见，如图 4-27 所示，使用户信服，成功完成"认知"要素。最后，价格低于 99 元，与用户购买力相符；点击价格标签便可直接进入淘宝购买，方便快捷，如图 4-28 所示，提高用户转化率，完成"转化"要素。

图 4-27

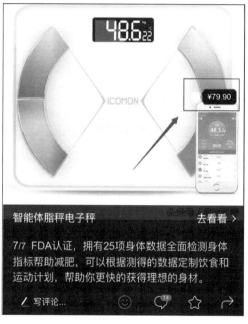

图 4-28

4.3.4　视频内容

视频比图文信息表达得更充分，能让用户的感受更立体、鲜活、全方位，更利于内容电商的转化。例如，"坤哥玩花卉"便利用视频教用户养花，每月能实现超高销售额。首先，坤哥以用户为出发点，为了让北方的用户在冬天能看到花，便推出了"盆摘玫瑰"的视频，这能充分刺激用户的需求，激

发用户的好奇，从而达到"吸引"要素。其次，坤哥作为专业园艺师，本身就具有极强的说服力，他在视频中一步步教用户种花，增强了说服力，成功完成"认知"要素。最后，坤哥在视频里将使用的物品同步到视频弹窗里，毫无违和感地引导用户边看边买，如图 4-29 所示，付费路径很短，从而达到极好的"转化"效果。

图 4-29

4.3.5　直播内容

2017 年，直播形式越来越受欢迎，造就了一个又一个销售神话。直播用户体验好，创作者可以与用户及时沟通互动，提升了用户体验，增强了内容电商的转化效果。例如，春节过后上班的第一天，时间管理专家及又忙又美的典范张萌在新浪微博上直播"如何节后迅速恢复身材&早春全面保湿"，取得了很高的转化率。首先，张萌以用户为出发点，针对用户春节后发胖的痛点，给用户讲解身材维护和美颜技巧，吸引用户关注。同时，张萌以专业幽默的直播风格，持续吸引用户的注意力。其次，张萌作为畅销书作家及自我管理的优秀代表，本身就具备极强的说服力，而且用户的评论实时出现在屏幕上，张萌专业的回复进一步提升了说服力，顺利完成"认知"要素。最后，张萌在直播过程中直接展示产品实物，并提供购买渠道，用户在直播页面或在淘宝店即可下单，极大提高了"转化"效果。最终，张萌这次直播有超过 795 万次观看，传播和转化效果都不错，如图 4-30 所示。

图 4-30

　　根据本节所学，请收集视频和直播内容电商的例子，并分析其内容中是否包含三大要素。

// 4.4 内容创作

4.4.1 标题、内容及排版打造优质内容

　　在内容策划过程中，标题、内容及排版至关重要，它往往决定了内容能否快速传播。创作者要想打造优质的内容，标题、内容和排版技巧必不可少。

1. 标题

　　无论是传统纸媒，还是新媒体，标题对内容的传播都异常重要。优质的内容是内容电商的基础，而标题是优质内容的第一个组成部分。标题的命名法则很多，而内容电商中常用故事、数字、符号、"傍大款"和利益五种标题命名法则。

　　（1）故事

　　内容电商中使用故事标题更能让粉丝接受，拉近与粉丝之间的距离，增强说服力。生动的故事能勾起用户的点击欲望，快速将用户代入所描述的场

景中，提升电商转化效果。

　　内容电商中经常可见描述创始人的故事类标题，将产品人格化，这样更利于得到用户的情感认同。例如，"他是现实版的'哈利·波特'，他说每个人都能练就最强大脑"，讲述的是申一帆从一位普通少年如何一步步练就超强记忆力，并成为"世界记忆大师"的精彩故事。这样故事化的标题富有生命力，产品最终也售出 26000 多份，达到了很好的转化效果，如图 4-31 所示。

　　（2）数字

　　相比于文字，人的大脑对阿拉伯数字更敏感。在内容电商中，标题采用数字命名方式能起到事半功倍的效果。例如，"家长 4 个坏习惯，让宝宝吃饭越来越难伺候"，标题直接采用阿拉伯数字，能吸引用户的点击。文章讲述了家长喂宝宝吃饭的四个坏习惯，并在文末推荐了纠正坏习惯的商品，阅读量达"10W+"，产品转化效果也不错，如图 4-32 所示。

图 4-31

图 4-32

　　（3）符号

　　标点符号的运用可以提升文章打开率，利于优质内容的传播。例如，感叹号能提升标题的情绪渲染，吸引更多用户注意；问号能提升与用户的互动效果，提升用户代入感；省略号能提升标题的神秘感，吸引用户的注意力等。

例如，"窗户缝又黑又脏？1个塑料瓶轻松搞定！"标题采用了问号与感叹号，提升与用户的互动效果，增强了标题的表达效果，阅读量突破"30W+"。在解决用户问题的同时，文末推荐了一些优质产品，提升了电商转化效果，如图 4-33 所示。

（4）"傍大款"

"傍大款"就是利用一些知名的人物、事件、物品等，借助其流量优势加大内容的曝光与宣传。每个热点人物或事件，其背后都有巨大的用户基础及流量来源，创作者可以借势加大内容电商的传播。例如，"《红楼梦》里隐藏的这一点，每个女人都应该了解"便是借助经典书籍及电视剧，提升内容的曝光，带动产品的转化；"胡歌、李健、梁文道都是他的音乐挚友，从北大学霸到音乐诗仙，他影响了数百万人！"便是借助知名人物，增强文章宣传效果，阅读量达"10W+"，产品转化效果也很好，如图 4-34 所示。

图 4-33

图 4-34

（5）利益

标题采用利益原则，根据用户痛点直接告知解决方案，可以进一步提升内容电商的转化效果。例如，"迄今为止职场中最值钱的技能，还是它""干掉平庸的自己，你只需 30 天""那些毕业两三年都月薪 5 万的人，凭什么？"

等，这些标题直击用户痛点，提供解决方案并销售产品，从而达到很好的内容电商转化效果，如图 4-35 所示。

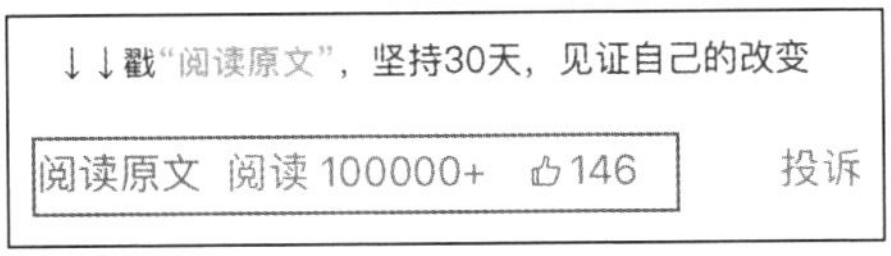

↓↓戳"阅读原文"，坚持30天，见证自己的改变

阅读原文　阅读 100000+　👍146　　　　投诉

图 4-35

课堂讨论

　　根据本节所学，请针对每一种标题类型收集一个案例，并与同学们讨论标题如此命名的好处。

2. 内容

　　内容是内容电商的核心，创作者在策划内容时，需要遵循以下四大原则。

　　（1）容易获取

　　如果创作者创作的内容不利于被用户获取，显然是不利的。创作者创作时尽量选择主流且流量大的平台，如微信公众号、微博、今日头条等平台，这样才容易触达用户。当然，某些平台允许创作者在内容发布之前为内容选择匹配的标签，这样更利于内容触达至同类兴趣用户，便于内容快速被用户获取，如图 4-36 所示。

*分类　　　请选择

标签　　　请输入标签

您可添加5个标签，按回车键确认，描述越准确，越利于触达兴趣人群。

图 4-36

课堂讨论

　　你看到的内容电商文章是在哪些平台推送的？不妨与同学们讨论创作者选择该平台的原因。

（2）容易理解

创作者进行内容创作时，需要考虑用户群体的理解水平。如果内容都是用户难以理解的生僻词或成语，显然不利于内容电商的转化。例如，本书的作者在每个平台上创作内容时，会选择不一样的表达形式。今日头条粉丝群体偏三四线城市，作者便用通俗易懂的小故事阐释职场道理，而且文章通常篇幅不长；微信公众号上的粉丝群体是一二线都市的白领，他便采用职场干货或长篇论述来进行个人观点的输出。

内容是否易于理解是衡量内容好坏的标准，创作者应尽量减少"自嗨式"创作，要充分考虑用户的理解差异。

（3）节奏紧凑

如今是互联网碎片化阅读时代，用户的忍耐力差，如果创作者的内容拖拖拉拉，无法直击用户痛点，用户很容易跳出界面，根本看不到内容结尾的电商产品。

创作者进行内容创作时，内容节奏需紧凑，全文要明快顺畅。内容中可以多使用短句、图文混排、图表等加快节奏，持续激发用户的阅读兴趣。

（4）易于传播

创作者进行内容创作时，内容要为用户提供价值，这样用户才会主动收藏、转发，利于传播。优秀的创作者在进行内容创作时，会把内容写成干货，让用户看到后忍不住转发，提升产品曝光的频率，增强转化效果。例如，秋叶老师进行内容创作时总是把给用户提供价值放在第一位，推荐的产品也是为给用户带去更好的体验。因此，每次秋叶老师推荐的产品都一扫而空，内容电商转化率很高，如图4-37所示。

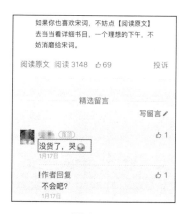

图 4-37

3. 排版

排版的好坏会影响内容的阅读完成率。排版优美的内容利于提升用户阅读体验，提高内容电商的转化效率。创造者在排版时，可以从图片和段落两部分入手。

（1）图片

图片的选择包括普通图和商品图两部分。普通图要美观、不带 Logo 和水印、与内容主题相符、有场景代入感。一些平台上会提供正版图库，创作者可以选择该平台上的正版高清图库，以提高创作效率，如今日头条上提供了东方 IC 正版图库。

图片最好不要含有营销性质的 Logo 和水印，以提升用户的阅读体验，如在淘宝系平台上，最好不要选择带有微信公众号或头条号的水印图片；图片要与主题相符，不要为了吸引眼球而选择与主题无关的惊艳图片，否则容易被平台封禁。如科技类内容，最好不要为了吸引眼球而选择美女类图片；图片要有场景代入感，利于提升用户阅读体验，刺激用户的购买欲望。例如，本书作者在今日头条上写关于面试技巧的文章时，便选择了东方 IC 正版图库中的图片，且图片与主题相关，有场景代入感，提升了阅读效果，如图 4-38 所示。

（2）段落

创作者若想排版精美，需要分段式生产内容。分段式排版利于文章逻辑的梳理，可以减少用户阅读时的疲劳感，提升阅读体验。创作者在进行内容策划时，应尽量选择 300 字左右配一张图，700 字左右分一段落，增强内容表达效果，提升阅读效果，如图 4-39 所示。

图 4-38

图 4-39

课堂
讨论

分析你看到的内容电商文章，它们的排版如何？与同学们讨论创作者如此排版的缘由。

4.4.2　平台化运作提升创作效率

　　创作者需根据渠道（微信公众平台、微博、今日头条、淘宝等）不同选择与其相适应的表现方式及组织形式。例如，在微信公众平台，创作者适合发表图文内容，该平台用户黏性大，基于社交圈层传播，电商转化率高；在新浪微博，创作者可以发表图集、头条文章、视频及直播，也可以将产品放置在个人微博主页中，如图 4-40 所示。

　　在今日头条，创作者可以发表图集、头条号文章、视频，该平台基于机器智能推荐，保证产品与用户的精准匹配，利于提升电商转化效果。在淘宝系平台，创作者可以发布帖子、短视频、搭配、清单、单品等内容，如图 4-41 所示。此平台天生具备电商属性，用户基数大，更利于内容电商的转化。创作者只有熟悉不同平台的运营机制及内容形式，才能提升创作效率，更好地实现商品的销售转化。

图 4-40

图 4-41

课堂讨论

　　请收集以上四个平台的内容电商案例，每个平台至少一个，分析其内容形式并讨论不同平台内容表现形式的异同。

05 Chapter

第 5 章
内容电商之内容创作与传播

通过阅读本章内容，你将学到：

- 内容电商的标签识别
- 内容传播内核
- 内容分发机制

// 5.1　标签识别

　　创作者策划完成后，需要对内容进行创作与传播，否则即使策划得再完美，也无法达到预期的销售目标。杰克·特劳特在《定位》中指出，竞争的终极战场不在产品，也不在服务，而是在潜在用户的心智里面。创作者要让产品在用户心智中占据一定的位置，才容易引起消费者购买。自带标签的产品更有利于在用户心智中产生特征识别，从而利于口碑扩散和品牌营销。

5.1.1　产品标签

　　产品具有独特的标签，利于品牌传播及口碑的扩散。例如，在竞争激烈的饮料市场，加多宝凭借独特的标签优势脱颖而出。不同于传统的可口可乐、康师傅等饮料品牌，加多宝生产功能性饮料，它依据传统配方，采用上等本草材料配制，内含甘草、仙草、金银花等具有预防上火作用的本草植物，让凉茶功能性饮料迅速抢占用户心智。创作者在选择产品时，如果能选择具有明确标签的产品，或彰显产品独特的标签优势，转化效果会更好。

　　2016 年，雅诗兰黛、兰蔻等高端美妆护肤品牌纷纷入驻天猫开设旗舰店。本来竞争激烈的电商市场，外加高端大品牌的涌入，对于中小品牌的宝拉珍选来说可谓雪上加霜。但宝拉珍选凭借配方精良、见效快、精细化用户服务的独特标签优势，每年销售保持 50%增长。首先，与传统大品牌的巨额营销费用不同，中小品牌的宝拉珍选预算非常少。它的创始人宝拉·培冈对美容和化妆有超过 25 年的研究，对安全成分与配方有深刻的认识。宝拉珍选便凭借优质的配方，快速抢占用户心智。其次，见效快的产品在互联网上可以快速产生口碑效应，加速品牌扩散。宝拉珍选将见效快的产品作为明星产品推荐给用户，积累了大量用户口碑，如图 5-1 所示。最后，由于是中小品牌，宝拉珍选更注重精细化运营，确保老客户能持续购买。如用户下单后，客服主动与用户联系，根据用户的肌肤情况提供针对性的建议，并通过直播形式帮用户挑选产品。目前，宝拉珍选新老顾客比例为 7∶3，发展前景广阔。

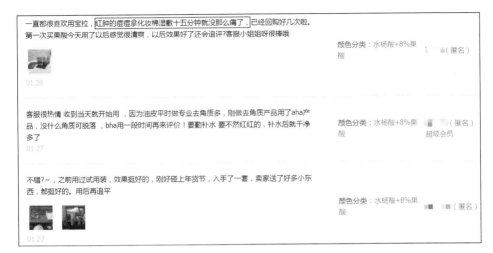

图 5-1

　　总之，创作者选择产品时，应尽量选择具有独特标签的产品，这样可以积累口碑优势，利于提升转化效果。

课堂
讨论

　　面对强劲的竞争对手"可口可乐"，请与同学们讨论"百事可乐"是如何脱颖而出的？它有哪些独特的标签？

5.1.2　用户标签

　　用户也有标签，每个年龄层的用户需求不同，掌握用户的标签属性，才能满足其价值需求，诱导用户传播分享，加大优质内容的曝光。

　　例如，刷爆朋友圈的"旅行青蛙"，其火爆的原因便是贴近了用户需求。"旅行青蛙"紧紧抓住了"孤独、精神世界空虚、缺少情感寄托"的用户群体，这些人在中国经济高速发展下承受着种种压力与不安。很多用户面对这款产品时说："它更像是一面镜子，可以在镜子里看到自己。"

　　其实，内容电商的传播与上述原理类似。创作者要想让内容更好地扩散，首先需要找准用户标签，明确这篇内容是写给谁看的，传达给用户怎样的价值，调动用户怎样的情感。例如，"爸爸，别再开货车了，好吗？"

占据的就是货车司机标签,用孩子的口吻传达家人最真挚的情感,引发货车司机们转发,极大地提升了阅读量;"'70 后'也属于老年人了,一组图向 70 年代出生的一代人致敬"这篇内容写给"70 后"的人群,激发出强烈的价值认同和感伤情怀,让这一标签的用户忍不住转发,增大内容曝光量。

同样两篇内容,一篇是普通描写,另一篇添加了价值观传递及目标群体的情感诉说,两篇文章的阅读量差距巨大。普通书店打折销量一般,但"罗辑思维"推荐的图书不打折却被抢占一空,这与罗振宇平时传递给用户群体的价值趋同有巨大关系。移动互联网时代,用户个性化需求更多,对产品的选择呈现多样化,而找到用户的标签并持续输出符合其价值观和情感依托的内容,可以消除用户顾虑,使内容更好地传播与转化。例如,"牢记这 3 点,剖宫产宝宝告别'免疫力差'",这篇文章是写给"剖宫产妈妈"这个标签用户的,文章详细介绍了剖宫产导致宝宝免疫力差的原因,随后解除妈妈的顾虑,提出 3 点增强宝宝免疫力的措施,并链接了电商产品,如图 5-2 所示。此内容得到了大量剖宫产妈妈的转发,阅读量数万,传播量大。

图 5-2

5.1.3　场景标签

场景化标签可以通过使用场景给用户全方位展示，不单局限于某个产品，可以给用户提供切身体验的感受，提升用户的购买欲望，增强内容电商的转化效果。如时尚搭配达人通过内容推荐帽子时，不单单推荐单个产品，而是结合衣服、裤子构建完整的应用场景，从而提升场景化识别，增强整套产品的转化效果。

场景化更能突出个性化设计，满足不同用户的需求。场景搭配所见即所买，让用户看到不同产品的搭配场景，更能提升用户多元化的购买欲望。

课堂讨论

你在购买商品时是满足于购买单个商品还是希望提供整个使用场景的搭配效果？与同学们讨论并探讨场景化标签的优势。

5.1.4　关键词标签

创作者进行内容创作时要进行关键词设置，这样可以提高被动搜索的概率，从而提升内容曝光量与传播量。关键词设置应该遵循以下三个原则。

1. 符合用户搜索习惯

即使同样的内容，设置不同的关键词，其曝光量差异也会很大。创作者进行内容创作时，要选择符合用户搜索习惯的关键词，这样用户进行检索时可以优先看到内容，进而提升商品转化效果。研究发现，65%～70%的网民点击搜索结果时，只选择前 10 条，有强烈针对性的关键词可将用户直接带到产品介绍页。所以，一些热门、有针对性的关键词，成为创作者争先抢占的目标。

创作者在进行关键词设置时，可以分析用户搜索习惯，统计用户搜索同类产品时使用的关键词，进而提高关键词质量。例如，当用户想购买裤子，在百度搜索"裤子"时，除了百度图片和百度百科外，前两条就会出现专业的回答"男生需要的基本款的裤子有哪些？"，如图 5-3 所示。专业的内容彰显了答主的权威，进而引导用户关注其公众号，用内容引流至电商，实现商品的转化，如图 5-4 所示。

图 5-3   图 5-4

2. 关键词曝光量大

如果关键词搜索频率低、曝光量小，即使创作者设置了此关键词，内容传播也不会太广。创作者选择关键词时，要选择曝光量大、能频繁被用户搜索的关键词。

创作者可以使用"百度指数"进行关键词的选取，如图 5-5 所示。创作者选择需要查询和对比的关键词，从而确定所需关键词。例如，某时尚类创作者进行鞋子类内容电商的创作时不知选择篮球鞋还是足球鞋，此时可借助百度指数查看相应关键词的搜索频率，进而确定关键词类别，如图 5-6 所示。创作者在百度指数中，可以分别查看 PC 端和移动端数据。由图 5-6 可知，篮球鞋被搜索的概率明显大于足球鞋，故创作者可选择篮球鞋作为关键词，传播效果更好。

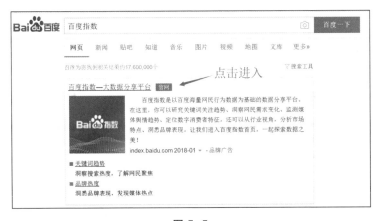

图 5-5

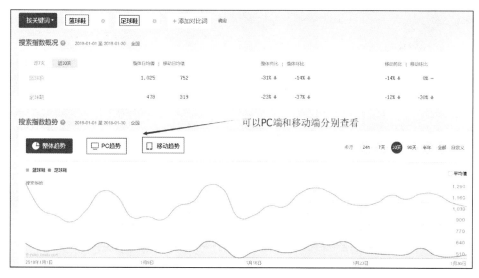

图 5-6

　　某时尚类作者进行内容电商创作时，不知选择牛仔裤还是休闲裤作为关键词，请与同学们讨论，给出解决方案并说明选择的依据及理由。

3. 与产品相关

　　创作者设计关键词时，要与产品相关，否则即使被用户搜索到也没太大的效果。例如，某美妆护肤达人在设置关键词时，可以选择"祛痘""美颜""化妆品"等与产品相关、曝光量大的关键词，从而提升内容传播效果。

// 5.2　内容传播内核

5.2.1　内容传播四要素

　　内容要想快速传播，在创作过程中需要具备故事、情绪、关联和价值四大要素。

1. 故事

人的大脑更容易记住故事，而非产品性能参数，而且故事更利于口碑传播，提升产品曝光度。例如，"褚橙"火爆的原因很大程度在于褚橙背后褚时健的个人励志故事，曾经的"烟草大王"、70多岁的褚时健开始自学种植橙子。人们可能记住了那个80多岁每月下地十几天，果子口感不好半夜12点起来读书至凌晨3点的褚时健，他努力与坚持的故事感染了很多人，褚橙也变成励志橙的象征而被大肆传播开来。当然，橙子的口感是成功的重要因素，但若没有其蕴含的情感故事，也未必能火爆到橙子未落地便一抢而空。

故事对于内容的传播起关键作用，创作者在内容创作时要擅于用故事来包装内容，从而加速内容的传播与曝光。例如，百万畅销书作家赵星在推广自己的产品时，讲述了自己本科毕业后，从月薪350元一路走来的辛酸历程，并靠自己的努力实现梦想的故事，如图5-7所示。故事曲折坎坷感人至深，很多对命运不甘、勇于追梦的用户都转发了这篇内容，使内容获得了极大曝光，产品转化效果也不错，如图5-8所示。

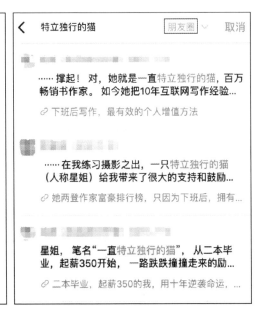

图 5-7   图 5-8

　　你是否因为某篇文章故事打动你而购买文中所列的商品？与同学们讨论用故事来描述产品的好处。

2. 情绪

　　人都具有情绪，内容最有效的传播方式是情绪驱动。一篇内容最好有三个情绪点，激发用户愤怒、伤感、孤独、高兴、幽默等情绪，这样的内容更利于传播。例如，朋友圈疯狂传播的一篇文章"朴树唱《送别》现场失控大哭……"，这篇文章戳中人的离别情绪，用户在伤感的同时忍不住分享给身边的亲朋好友，文末最后一段文字进一步激发用户情绪"朴树的眼泪，是每个成年人在深夜才敢诉说的脆弱"，使用户转发扩散。这篇文章点赞量超过 9 万次，可见传播力度之大，如图 5-9 所示。

　　创作者在内容电商创作中也可以采用上述方法，在内容中激发用户情绪，更利于内容的广泛传播。例如，"这 3 个时间别让孩子多喝水，害处多过好处"，文中列举了孩子喝水有害的 3 个时间——饭前饭后的半个小时内、剧烈运动之后、睡觉前。这篇文章能够激发用户害怕、恐慌情绪，利于用户转发给有同样需求的宝妈，从而更利于传播。据悉，这篇内容的阅读量超过 4.6 万，电商转化效果也不错，如图 5-10 所示。

图 5-9

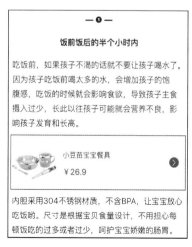

图 5-10

3. 关联

关联意味着将产品与用户生活中常见的高频事件关联起来,这样用户在这些场景中便容易联想到产品,利于产品的快速传播。例如,德芙巧克力的广告词是"听说下雨天,巧克力和音乐更配呦",便将巧克力与生活中常见的下雨天关联在一起;香飘飘奶茶的广告词是"小饿小困,喝点香飘飘",便将产品香飘飘奶茶与日常生活中常出现的小饿小困关联在一起;脑白金便是利用广告词"今年过节不收礼,收礼只收脑白金"成为家喻户晓的送礼品牌。以上这些都利用了关联原则,加大内容与产品的曝光率。创作者也可以将其用在内容传播上,提高内容的阅读量,增加电商转化率。

某居家达人在推荐某款并不常见的牙膏产品时便利用了关联法则,将牙膏日常生活中常见的洗袜子连接在一起。文章的题目是"洗袜子时多加 1 物,洗出来比新的还干净!",阅读量超过 10 万,电商转化很好,如图 5-11 和图 5-12 所示。

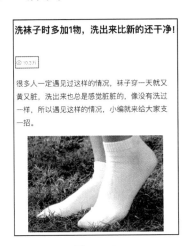

图 5-11

图 5-12

4. 价值

马斯洛需求理论指出人类的需求像阶梯一样从低到高按层次分为五种,自我实现是人类最高层次的需求,而帮助别人无非是满足这个需求的极佳途径。当创作者制作有价值的内容时,用户便会为了帮助他人获得信息而自动转发,这既满足了内容传播的需求,又得到了帮助他人的幸福感。

因此，创作者创作内容时，要努力为用户提供价值，这才是保证内容传播的原动力。

移动互联网高速发展，人与人之间见面的机会越来越少，亲朋好友的沟通越来越多地依赖手机。为了帮助别人，朋友间往往通过转发分享某些实用、有价值的信息，而这便推动了内容传播的效率。如当你生病感冒时，朋友可能马上分享一篇治疗感冒的文章给你；当别人向你请教阅读书单时，你也会转发一篇经典推荐好书的文章给他。总之，分享有价值的内容成为帮助他人的方式，而这便加速了内容的传播。例如，乌素老师写了一篇"公众号图文排版？看这一篇就够了"的文章，文章详细讲解了关于公众号排版的疑难杂症。每当有用户请教公众号排版问题时，我们便可以将文章分享给用户，如图 5-13 所示。因为提供了实用价值，用户主动留言表示愿意分享给别人，因此这篇文章的阅读量很大，传播很广，如图 5-14 所示。

图 5-13

图 5-14

课堂讨论

你最近有没有分享文章给朋友？分享的原因是什么？与同学们讨论内容创作时为用户提供价值的好处。

内容电商创作者也可以采用上述为用户提供价值的原则，提高内容传播的速度。例如，某创作者写了题为"厨房千万别买这 4 种家电，不实用又浪费钱"，内容提醒用户不要买这四种事倍功半的厨房家电，并给用户推荐了几款实用的家电作为电商产品，如图 5-15 所示。这篇文章的阅读量超过 14 万次，点赞数超过 200 次，电商转化效果不错，如图 5-16 所示。

【九阳智能电热水壶】

家里有宝宝的，夜里爬起来给孩子冲奶，本来就手忙脚乱，再加上调试水温，更是忙乱。而九阳智能电热水壶，预先扭到冲奶模式，按下开关烧至100°后自动恒温至45°，妈妈闭着眼睛都能完成！为老人泡一壶清茶、为老公冲一杯醇香咖啡、为宝宝沏一瓶营养奶，随心定制多种水温，让水变的纯净甘甜，这可比净水器实用多了。

Joyoung/九阳 K17-W67电热水壶 家用自...
￥399

二.厨房别买烤箱

吃货们都会想着给家里添置一台烤箱，平时休息可以做做蛋糕、烤烤鸡翅，生活多么惬意。但是你认真想想，难道周末休息谁还想宅在家里呢？

图 5-15

厨房千万别买这4种家电，不实用又浪费钱

ⓞ 14.8万

厨房对于一个家庭的重要性，相信大家都知道，毕竟我们的一日三餐都离不开厨房。所以在装修时最好要重视厨房的装修，家的幸福从厨房飘香的那一刻起，满满的温馨幸福便充斥在家庭的每一个角落。可是大家知道吗？有几件厨房电器不要买，若是买回家里不仅不实用占地方，还浪费钱。

✎ 我也有话说   💬 ⭐ 👍
                    349 收藏 208

图 5-16

5.2.2 内容传播五项措施

内容创作过程中，除了要考虑传播四要素之外，五项具体措施也能加速内容传播的速度。这五项具体措施分别是用户视角、真实、成本、比较、热点话题。

1. 用户视角

如今信息爆炸时代，内容供应呈几何指数增长，而用户的阅读需求变化不大，导致内容严重过剩，"酒香也怕巷子深"。创作者应该以用户视角进行内容输出，这样才能勾起用户兴趣，让用户主动将内容分享出去。研究证明，70%的消费者，其购买行为是朋友推荐和社交媒体看到朋友分享而产生的，可见，让用户主动分享对内容电商来说至关重要。

以用户视角来创作，可以从以下两方面入手——与用户相关、培养优质粉丝。

（1）与用户相关

丽萨柯克曾说："谈论他人是流言，谈论自己令人生厌，聪明的人总是关心谈话对方。"广告大师奥格威也曾说："我可以写一篇三千多单词的长文案，你却能一字不落地读下来。很简单，我只需要在文案中出现几十次你的名字就可以了。"可见，创作者制作内容时，时刻牢记与用户相关，便可以引起用户注意，从而增加文章黏性和传播力量。

《热点》一书的作者，美国营销实战专家马克·费舍尔发现，用户平均看 318 条推特（Twitter，国外一个社交及微博服务网站）才转发一条。可见，内容被用户主动分享的概率并不高。用户喜欢分享与自己相关的、自己关心及有自我成就感的内容。如美食爱好者往往会在朋友圈分享各种美食体验，运动爱好者则经常分享与运动相关的内容。

创作者在内容创作过程中，要用心生产与用户相关的内容，这样才能激发用户主动传播，从而加大内容曝光量。例如，秋叶老师一篇文章"学好 PPT 到底是怎样的体验？秋叶大叔小伙伴的 5 个逆袭故事"，文章讲述了 PPT 领域关键意见领袖（Key Opinion Leader，KOL）阿文、小巴、秦阳、邵云蛟、曹将五个优秀励志青年的个人成长故事，文章自然令这五位拥有众多粉丝的 KOL 转发，而且能引起其他用户关心牛人成长背后的兴趣，激发用户奋斗的勇气。由于他们也想成为这样的人，便转发至朋友圈标榜偶像，让内容得到极大的传播。在内容传播的过程中，文末的产品也自然获得了极好的转化，如图 5-17 所示。

图 5-17

（2）培养优质粉丝

粉丝数量不是关键，粉丝质量才是内容传播的原动力。创作者要通过优质内容不断积累优质粉丝，不断赢得粉丝信赖和认同。同时，与粉丝互惠，真正为粉丝推荐质量优的产品，从而提高内容传播和转化效率。

培养优质粉丝不是一朝一夕可以实现的，需要创作者持续产出优质的垂直化内容，同时注重粉丝运营，与粉丝积极互动并解答粉丝疑惑。赢得粉丝足够的信任后，他便主动转发你的内容，购买你的产品，从而提高内容电商转化效率。当然，创作者要培养出优质粉丝，需要时刻以用户视觉看问题，节约用户时间，真心为用户提供优质服务。例如，年糕妈妈持续提供专业的育儿知识，赢得了粉丝的信任，而且她所选的产品来自于经验丰富的妈妈买手团队，每项售卖产品均需三位以上成员试用并出具试用报告，最终再经年糕妈妈和小年糕亲自体验，通过后才上架。对于不好用的产品，年糕妈妈一票否决，她只推荐"省心、有用的好东西"，并积极查看粉丝留言，选择粉丝感兴趣的话题进行创作，积累了广泛的优质粉丝。为此，2016 年"六一"大促，年糕妈妈 2 小时卖完一万套英文绘本，单天营业额过千万元。如今，糕妈优选平台月均营业额稳定在 5000 万元左右。

课堂讨论

张大奕曾创下新品上线 2 秒卖完的销售盛况，2 小时内成交额近 2000 万元，请与同学们谈论张大奕销量如此大的原因。

2. 真实

创作者要想让内容得到广泛的传播，需要用内容传达给用户最真实的体验。知名广告人奥格威曾说："在为客户服务前，先用用他的产品"。奥格威日常生活所用的产品均来自于客户，这样他才能把最真实的体验表达出来，从而将广告写得更真实。创作者也应按此原则制作内容和推荐产品，如此才能将内容写得更真实，为用户提供更具价值的产品，增加用户口碑。例如，"凯叔讲故事"中，凯叔先将故事讲给女儿听，反复实验后再推广给用户，为此积累了大批忠实粉丝。记得有次凯叔说："很多大人在讲故事时，容易误把成年人的常识当孩子的第一次认知。例如，我在给他女儿讲到花果山前面有一道大瀑布时，她马上会问'瀑布是什么'，我有点哭笑不得'你不懂瀑布这个让我怎么接着往下讲'，但考虑到小朋友是真不懂，我立马在女儿听不懂的地方做上了笔记，前后修改好几稿，录完再回去给女儿听，直到反复修改到孩子能听明白为止。"《凯叔西游记》就是凯叔用最真实的感受，一个字一个字敲出来的，深受用户好评，1～4 部的 App《凯叔西游记》纯音频的销售量已经卖出了 20 多万份，平均单集收听量超过 40 万次，如图 5-18 所示。

创作者用最真实的体验打磨内容，推荐产品，可以使内容传播及电商转化效果更好。

3．成本

所谓成本，即创作者投入的时间及金钱成本等。在微信公众号，很多创作者选择将优质内容投放至粉丝多的微信大号上进行推广，从而获得更大的曝光与转化，这种方法可以快速提高内容的曝光率，但创作者需要注意投入产出比。例如，某眼部仪内容描述的是宋慧乔美的关键原因在于眼睛，并推出了祛除黑眼圈、鱼尾纹的眼部仪。由于内容优质，创作者开始在微信公众号上测试，发现转化率很高，便去美妆达人大号上投放广告，如图 5-19 所示。最终，产品收益远远大于广告成本，而且借助大号大幅提升了曝光量，可谓一举多得。

图 5-18

图 5-19

当然，创作者投放内容电商广告时，应尽量选择与产品领域相关的大号或者粉丝黏性高的大号，这样可以提升转化效果。

你在微信公众号上见过投放内容电商产品的广告吗？试着与同学们分析此内容电商创作者投放广告的目的。

4．比较

人天生具有比较心理，小时候，隔壁家的小孩是每个人的比较对象，是父母督促努力进步的标杆。同样，内容创作者也要突出产品的对比效果，以利于刺激人的内在情绪，从而利于广泛传播。例如，运动教练刘洹老师在用内容推广减肥课程时，便使用了学习课程后的前后对比图，如图 5-20 所示。这极大地刺激了用户的购买欲望，并诱导用户转发，提高了内容曝光量，大大提升了转化效果，如图 5-21 所示。

图 5-20

图 5-21

5．热点话题

每个热点话题，无论是热点事件还是热点人物，都会产生爆款文章。如果创作者的产品不容易传播，不如将其与容易传播的热点话题结合起来，便可达到快速传播的效果，大幅提升产品销售量。例如，某时尚搭配店推出羽绒服时，便跟当前火爆的《演员的诞生》中的章子怡结合在一起，如图 5-22

所示。创作者将产品与热点人物结合在一起，大大提升了传播效果，如图 5-23
所示。

章子怡衣品开挂！穿搭宝典全在这

最近火爆了的一档综艺《演员的诞生》，章子怡的衣品穿搭，简直开挂了。每一套妆容穿搭，都是瞬间吸粉无数，令不少菇凉羡慕不已。很多人觉得没有国际章气质，因此再怎么打扮，也穿不出想要的风韵，都说人靠衣装，没试过你怎么知道？

图 5-22

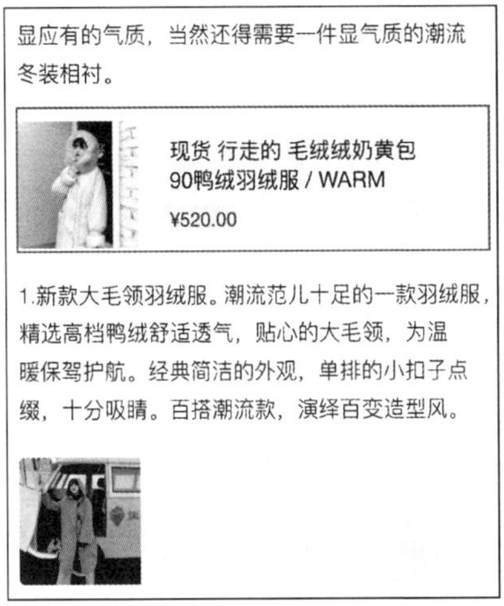

显应有的气质，当然还得需要一件显气质的潮流冬装相衬。

 现货 行走的 毛绒绒奶黄包
90鸭绒羽绒服 / WARM
¥520.00

1.新款大毛领羽绒服。潮流范儿十足的一款羽绒服，精选高档鸭绒舒适透气，贴心的大毛领，为温暖保驾护航。经典简洁的外观，单排的小扣子点缀，十分吸睛。百搭潮流款，演绎百变造型风。

图 5-23

除了与热点人物结合外，创作者也可以将内容与热点事件进行融合。例如，"父亲节，准备送给爸爸的惊喜"便是利用父亲节热点事件，创作者除了对父亲表示关心之外，还推荐给用户最值得送给父亲的礼物，如图 5-24 所示。由于"父亲节"这一话题火热，且推送的产品实用，电商转化效果不错。

白酒太烈，喝多了对身体不好，喝红酒有软化血管的作用，偶尔喝一点，可以缓解头疼，有助于改善失眠，长期养成和红酒的习惯，有利于身体健康，给父亲添置一些实用的酒具也挺好的。

▽红酒酒具

 红酒酒具水晶玻璃红酒杯 醒
酒器 葡萄酒杯 高脚杯红酒...
¥42.00

优质的无铅水晶材质制成，健康环保，经过激光冷切口技术工艺，杯口平滑细腻，喝酒时触感十足，美观的醒酒器，优美自然的线条，带来视觉的美感。

图 5-24

创作者要时时留意热点人物和热点事件，抓住时间创作爆款内容，从而提高电商产品的销售额。

实战训练

根据本节所学，对应于内容传播的五项措施，分别找一个内容电商的案例，并分析创作者选择此种措施用于内容传播的好处。

// 5.3 内容分发机制

很多创作者辛苦制作出优质内容，却被淹没在互联网汪洋里，得不到传播。其实，这不仅与传播方式有关，还与内容分发机制紧密相连。例如，一篇阅读量很高的微信公众号文章，在今日头条上的阅读量未必高，根源在于二者的分发机制差异巨大。总体来说，内容在新媒体写作平台上主要有两种分发机制，一种是以社交分发为主，另一种是以算法分发为主。创作者只有深刻理解分发机制的不同，才能创作出阅读量高的内容，进而提升内容电商的转化效果。

5.3.1 以社交分发为主

以社交分发为主的平台主要是新浪微博和微信公众号，如新浪微博通过互粉的关系，将内容一波波扩散出去；微信公众号通过粉丝和朋友圈，将内容多圈层传播。在以社交分发为主的平台上，优质粉丝异常重要，他们决定了内容的原始引爆点。粉丝越多，黏性越大，在社交平台分发的内容传播量越大。

当然，在以社交分发为主的平台上，某些粉丝不多的账号也能产出"10W+"爆款文章，但这毕竟是极小概率事件。在社交分发平台上，通常是粉丝众多的大号占据绝对优势，一篇同样内容的文章在不同粉丝量的账号上发布，通常差距巨大，如某粉丝众多的微信公众号发布了一个自拍照便可获得"10W+"的点赞量，如图5-25所示，可见，粉丝基数对于社交分发平台而言至关重要。

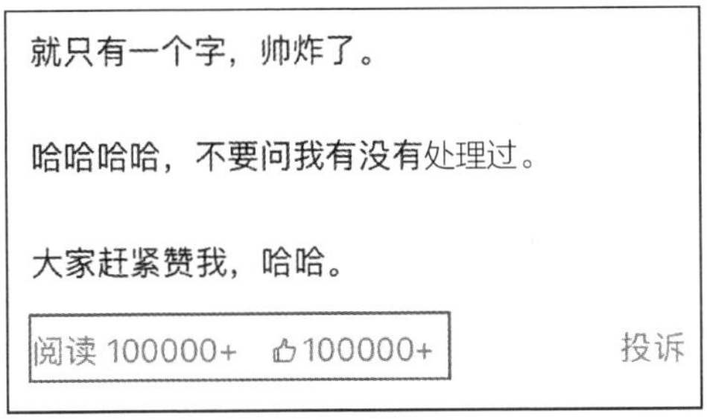

就只有一个字，帅炸了。

哈哈哈哈，不要问我有没有处理过。

大家赶紧赞我，哈哈。

阅读 100000+　👍 100000+　　　　投诉

图 5-25

　　腾讯科技的一份报告指出，在微信各种各样的功能当中，用户使用最多的居然是朋友圈，而不是微信聊天。朋友圈具有自动扩散传播的功能，创作者如果能激发用户分享至朋友圈的欲望，也便掌握了社交平台传播的有力武器。可以说，微博和微信公众号等以社交为主的平台，创作者需注重社交的维护，社交链接才是这些平台传播最有效的途径。

　　内容创作者在以社交分发为主的平台上，需要特别关注标题、关键意见领袖和积累核心粉丝这三点。

　　5.1 节和 5.2 节讲解的传播策略对这两种分发机制的平台都适用，但标题对于以社交分发为主的平台影响更大，它决定了内容是否可以不断通过社交平台进行圈层传播，从而引爆朋友圈。例如，当你翻阅朋友圈时，在众多信息里仅能看到标题，如果标题有吸引力，你会不自觉地点开并扩散。

　　关键意见领袖对社交分发平台内容传播量的影响极大，如你在微博上发布一篇文章，如果粉丝众多的关键意见领袖帮你转发，阅读量能达到平时的几十倍，如图 5-26 所示。创作者在微博发布内容时，主动@一些关键意见领袖，如果你的内容足够优质并获得转发，内容阅读量将提升数十倍。所以，创作者在以社交分发为主的平台上尽量让关键意见领袖为你背书。同样一篇文章，相关领域的关键意见领袖和普通人分别转发至朋友圈，传播力度差距很大。要想获得关键意见领袖的背书，创作者需要持续为关键意见领袖提供帮助，让对方了解你并建立信任关系，当你的内容逐渐赢得关键意见领袖的认可时，就会获得被转发机会。

　　如果你无法与关键意见领袖建立信任连接，也没有关系，若内容足够优质，创作者可以在关键意见领袖的微信公众号上投放广告进行扩散，这需要创作者衡量投入产出比。例如，某电动牙刷找到粉丝黏性高的微信大号"遇见小 mi"推送"最近，我一口气补了 6 颗牙齿"的优质内容，并给小米粉丝

131

专属优惠福利。据悉，这次广告投放为商家带来了高达近 10 倍成本的产品收益，商家获得极高电商转化效率的同时，产品也获得了"3W+"的阅读量，如图 5-27 所示。

图 5-26 ． 图 5-27

核心粉丝数量是以社交分发为主平台的核心武器，这需要创作者平日注意维护和运营。创作者积累出大批核心粉丝后，再发布优质内容时，他们会主动帮你扩散传播，提升内容的初始传播量，提高社交圈层传播的效率。

课堂讨论

为何内容电商创作者喜欢在微博上找明星或关键意见领袖代言产品，像微博这种类型的平台，找他们代言的优势是什么？

5.3.2 以算法分发为主

还有一类平台，它们不依赖于粉丝或社交，而是以算法为主进行内容分发，如今日头条、淘宝头条、大鱼号、企鹅号、百家号等平台。以算法分发为主的平台，分发的核心是文章标签、账户标签及用户标签。

文章标签就是创作者的文章归属于哪个领域，是机器智能判定的结果；账户标签即创作者的账号归属于哪个领域，是机器根据创作者以往的内容进行分析和判定的；用户标签即用户喜欢看哪种类型的文章，是机器根据大数据及用户阅读行为而评判的。下面以今日头条为例，分析以算法分发为主的平台，创作者应如何增加内容的传播。

今日头条的官方机制是：一篇内容需要经过审核—消重—推荐，才能被用户看到。所谓审核，就是文章中不能出现违反法律法规及其他禁止出现的事项，这与其他以社交分发为主的平台规定类似，在这里主要介绍消重和推荐。

1. 消重

所谓消重，就是系统对重复、相似、相关的文章进行比对，使过度相似的内容不同时出现在用户信息流中。消重可以优化用户的阅读体验，给更优质内容曝光的机会，毕竟用户不想看到同样的内容重复出现在手机客户端。

今日头条中的消重主要应用在三个方面，分别是内容消重、标题和预览图片消重、针对相似主题的消重。

（1）内容消重是指今日头条系统会对内容的文本、标题、图片等转换成具有一连串数字代码的信息指纹，每篇内容都有唯一的信息指纹。相似的内容具有相似的信息指纹，系统只推荐最权威、发布时间早、标记原创的那篇内容，其他相似的内容都会被消重，不会推荐至用户信息流中。

内容消重机制确保系统从具有同样信息指纹的内容中挑选最优的一篇推荐给用户，从而确保用户的阅读体验。例如，创作者在今日头条上发布了一篇标记"原创"的文章，另一位创作者照搬你的文章，此时你的文章将被优先推荐，并获得极大的曝光，而照搬的创作者几乎得不到任何推荐。可见，内容消重保障了原创作者的权益，利于原创内容阅读量的提高。

（2）标题和预览图片消重是指系统也会对比标题及预览图片的信息指纹，从而确保推荐差异化内容。例如，创作者即使文章内容不同，但采用了跟其他创作者一样的标题及预览图片，此时创作者的内容也会因被系统消重而得不到推广和曝光。

（3）针对相似主题的消重是指系统会对同一事件的文章进行消重，毕竟用户不想在同一时间内看到太多相似主题的内容。这一条便提醒创作者要谨慎追热点，因为热点事件会产生大量的同质化内容，创作者的文章极有可能被消重。若创作者想追热点并获得极大的曝光，可以找一个差异化的视角进行创作，保证内容不会因相似主题而被消重。例如，毛不易爆红后，很多人写毛不易的成名曲或夺冠故事，此时你若找一个不同的角度，写毛不易做护士时发生的细节故事，这样差异化的内容不容易被消重，利于提高内容的阅读量。

总之，创作者要想内容被广泛传播，需避免被系统消重。创作者在以算法分发为主的平台上分发内容，要坚持原创、首发、差异化角度追热点、少用常见的标题套路、使用不同的预览图等，这样可以保证内容被更多地推荐。

课堂讨论

今日头条等以算法分发为主的平台，系统为何采取消重机制？这对创作者和用户分别有什么好处？

2. 推荐

推荐是以算法分发为主的平台非常重要的环节。今日头条的推荐以智能机器为主，系统通过对文章进行特征识别，将内容推荐给可能感兴趣的用户，实现个性化精准推送。系统对文章的识别主要通过关键词来实现，而关键词即内容中出现频率高且特征明显的实词，如"姚明""篮板"等便是篮球领域的关键词。系统判定出关键词后，会将关键词与文章分类模型进行对比，从而为文章打上某个领域的标签。例如，有的关键词会在不同领域出现，如刚刚提到的"姚明"，他也属于明星类关键词，此时系统便会判定内容中是篮球类的关键词多还是明星类的关键词多，从而与相应领域模型进行匹配。

除了文章正文外，系统还会对文章标题进行关键词识别，故标题中出现相关领域的关键词异常重要。例如，职场创作者创作了内容相同的某篇文章，仅因为标题的不同，"人缘好的人，都用这 3 招！"被系统判定为"心理"领域，而"同事开心，领导满意，要用这 3 招！"则被系统判定为"职场"领域，如图 5-28 所示。可见，标题中出现职场领域的"同事""领导"等关键词，有利于系统对领域进行判定。

图 5-28

系统也会将用户打上标签，从而将内容与用户匹配，实现精准匹配。系统通过用户的基本信息（如性别、年龄、授权微博或微信账号等），用户主动订阅的内容，用户的阅读兴趣来为用户定位标签，如某个用户喜欢阅读历史类内容，经过一段时间，系统便为其打上历史标签，从而更好地为其推荐历史类文章。

作为算法分发平台，为了确保将优质内容推荐至用户信息流，今日头条采取分批推送。所谓分批推送，即内容首先会被推荐给对内容最有可能感兴趣的用户，系统根据这批用户的阅读行为（如点击数、收藏数、评论数、读完率等）确定下一批推荐的数量。文章推荐量越大，相应内容的传播度越广。

创作者要想让更多用户看到内容，需要关注内容的点击率、读完率、互动率和订阅数。点击率会直接影响文章下一批被推荐的量，读完率可以保证电商产品被更多用户浏览，互动率用于确保文章热度，订阅数说明内容被用户认可。这四个指标对以算法分发为主的平台非常重要。在今日头条上，读完率可以通过“数据分析”—“内容分析”查看，如图 5-29 所示。为提高点击率，创作者可以选择具有吸引力的标题和封面图；为提高读完率，创作者可以采取用户易理解的语言进行创作，同时文章要连贯、有趣味；为提高互动率，创作者要积极回复读者留言，并用适当的话术引导用户留言，如图 5-30 所示；为提高订阅数，创作者需要为用户提供内容翔实且具有干货的优质内容。

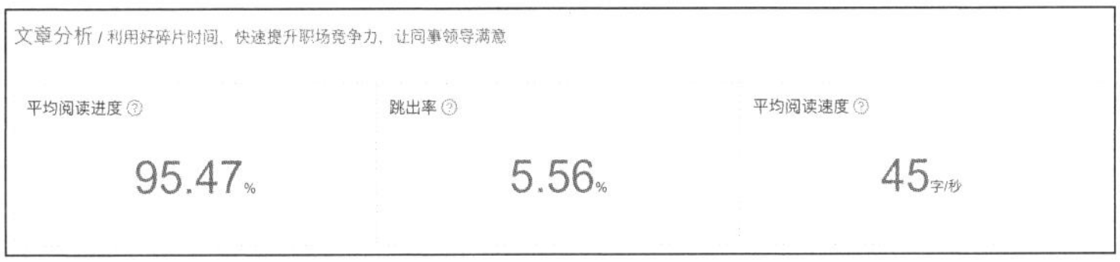

文章分析 / 利用好碎片时间，快速提升职场竞争力，让同事领导满意
平均阅读进度
95.47%
跳出率
5.56%
平均阅读速度
45字/秒

图 5-29

职场中，你觉得哪些同事并不是朋友？不妨一起交流，共同进步！
职场
引导话术
收藏
举报
164 条评论
评论数

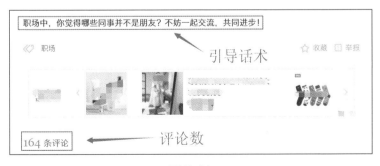

图 5-30

以算法分发为主的平台，创作者需要确保内容的垂直度和活跃度。垂直度指创作者要在一个确定的领域内更新文章，如美食、育儿、职场等；活跃度指创作者要频繁更新文章，最好是每日更新，这样可以确保账号被系统识别，提升账号被推荐的权重。垂直度和活跃度也是以算法分发为主与以社交分发为主的平台的不同之处。

课堂讨论

创造者要想提高文章在以算法分发为主的平台上的阅读量，如今日头条平台，应该采取哪些措施？与同学们讨论，最少列举三种措施。

06
Chapter

第 6 章
内容电商之销售转化

通过阅读本章内容，你将学到：

- 设定系统完整的转化机制
- 搭建统一的销售承接平台
- 构建高效的经纪人体系
- 依托产业互联网平台助力转化

// 6.1 设定系统完整的转化机制

内容电商的出现，为许多企业带来了新的发展机遇。前面讲述了内容电商是以消费者为中心，以触发情感共鸣的内容作为源动力，通过优化内容创作、内容传播和销售转化机制来实现内容和商品同步流通与转化，从而提高营销效率的一种新型电商模式。那么，转化机制设计的原则有哪些？如何设定系统完整的转化机制呢？要系统地了解这些问题，请阅读本节内容。

6.1.1 转化机制设计的原则

机制原指有机体的构造、功能及其相互关系，在社会学中可以表述为"在正视事物各个部分存在的前提下，协调各个部分之间的关系以更好地发挥作用的具体运行方式。"内容电商的销售转化机制是指通过审视内容生产、用户运营和产品供应等各个环节的存在现状，协调它们之间的关系，以更好地实现产品的销售转化。

内容电商通过好的内容切入，能够降低渠道成本，更好地挖掘用户需求，与用户之间建立信任，并能增加用户的黏性，最终实现销售转化。在设定内容电商的销售转化机制时应该遵循图 6-1 所示的三条原则。

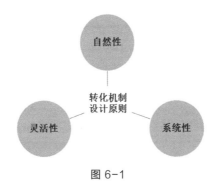

图 6-1

1. 转化机制设计的自然性

消费者产生购物通常有两种典型的场景。第一种是内容电商场景，如当用户看到某个具有百万粉丝的微信公众号推送的一篇文章，其中有推荐的空气净化器产品购买信息，如图 6-2 所示。用户只会关注眼前的产品所提供的功能以及自己是否需要这款空气净化器，这个时候用户在意的是产品本身好不好，带给用户的感觉怎么样以及价格能不能接受。一种很可能的结果是，用户看到的空气净化器实际上比普通的空气净化器要贵很多，但是由于缺乏比较，用户最后依旧会购买。

第二种是传统电商的场景，比如用户进入天猫这种交易型电商，在搜索框中直接搜索车载空气净化器，发现页面呈现出多个厂家的产品，如图 6-3 所示。这个时候，用户会对多个厂家的产品进行比较，而此时用户所呈现的心理也是不同的。

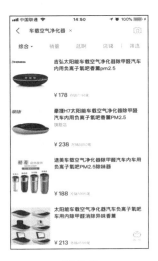

图 6-2　　　　　　　　　　　　　　图 6-3

从以上两种不同的购买场景中能够看到，对于内容电商而言，它只是为用户提供当前需要选择是否购买的产品和自己所处现状的不同，重点阐述当用户拥有了此款产品之后的生活会有什么不同，此时的用户感觉自己购买之后生活质量会有较大的提升；对于交易型电商而言，用户会更加注重理性方面的对比，如产品的价格、功能、性价比、销售量、好评率等多方面的因素。对比两种不同场景下的购物体验，显然内容电商的效果更好。如用户在网上看到许多小视频或微信公众号里的文章，都会在其中自然地呈现商家想要销售的产品。

2016 年 6 月的一晚，papi 酱在公众号发布新一期名为"papi 酱的影评系列视频又来啦！我把《魔兽》给看了!!!"的视频，观看量很快达到"10W+"。与以往发布的视频不同的是，末尾 papi 酱植入了自己的小广告："papi 同款公会 T 恤，今晚 18:30，名为'papi 酱心智造'的 3 款魔兽主题印花短袖 T

恤正式开卖，每款定价 99 元，限量 99 件。"T 恤并没有特别新颖之处，如图 6-4 所示，但正式开卖仅 36 分钟就全部售罄。从这个案例中可以看出，在内容电商销售转化机制设计的过程中，需要牢牢把握自然性这个原则。papi 酱的视频具备一定的娱乐性，有一定的粉丝数，每天的观看数量也有一定的保证，关键点是需要在自然状态下逐步过渡到商品销售，不会使观众觉得突兀，观众很愿意为视频末尾的商品买单。

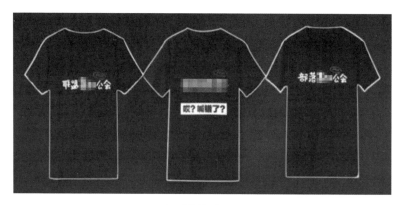

图 6-4

"文怡砧板事件"也抓住了自然性这一原则，通过内容的创作成功卖出售价为 1500 元的砧板，如图 6-5 所示。普通人在正常的心理状态下，只可能按照过去的习惯买一个 100 元左右的砧板；或者想买砧板的时候在京东或淘宝上一搜，然在中间价位上选一个。而要让人改变过去的习惯，去买一个这种不常见的砧板，就必须让这个人短暂地进入"非正常状态"。文怡的公众号就扮演了这个角色，它让打开这个公众号和阅读这篇文章的人短暂地变成了另外一个人。此时，不论用户平时是一个严谨的会计师，还是一个自由的艺术家，当用户阅读到文怡的这篇文章时，就短暂地变成了"追求极致做菜体验的美食家"，而只有当用户的这种心理被唤起的时候，才能打破过去的习惯，对"极致的做菜体验"产生渴望，从而发生购买行为。而这正是内容电商通过生产好的内容，在自然的场景下，让用户自然地觉得花的价钱是正常的。

总之，不管是图文的生产还是视频的生产，前期积累一定的粉丝后，在对选品进行内容化的过程中，需要牢牢把握内容电商销售转化机制设计的原则之——自然性。即在内容的生产上充分考虑用户的使用习惯以及能够给他生活带来的改变，在前期的内容铺垫中呈现，最后自然过渡到产品销售，成功地实现了销售转化。

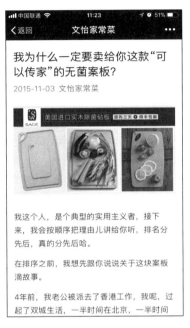

图 6-5

　　通过学习本部分的课程，你觉得内容电商销售转化机制设计的原则之——自然性是什么意思，谈谈你的理解。

2. 转化机制设计的系统性

　　内容电商依靠传递内容以完成商品和服务的投送，并促成销售转化，其背后需要系统性的转化机制设计。首先要将生产和传播的内容分层，即有些内容负责引流，有些内容负责用户留存，有些内容则负责变现；其次是要进行全网多渠道覆盖用户场景，创造连接，完成与用户之间的直接交流，提升用户的购物体验。

　　在 2017 年的"三八"妇女节，雕牌承接 2016 年 80 条插图风格的"新家观"基础上再度细化，推出针对如何讨好新"女王"的新家观，更以自造网红"雕兄"引爆网络产出 38 条"家观"。整个"雕牌新家观"创意试图发掘现代年轻人对于家庭生活的理解与观念,并以诙谐轻松、机智幽默的风格演绎。"雕兄"成为雕牌的行动派,让雕牌正式从观念的倡导走向生活互动的层面。雕牌在与年轻人的互动中吸引了大量年轻用户的参与,传播力度非常大。"雕牌雕兄说"微博账号不到一个月就吸引了超过 60.8 万粉丝,其登上微博热门话题榜#做女王最爱的 diao#主题页浏览量超过 4.3 亿次,讨论量57.5 万次。与前一天相比,2017 年 3 月 8 日当天,雕牌天猫旗舰店销售额增长率高达 398.94%。

雕牌首先制作一系列的短视频,如图 6-6 所示,内容涵盖婆媳、亲子等年轻家庭常见的现实问题,首先,这些短视频主动贴合当前的时代热点,紧密结合"三八妇女节"精心设计内容,在多个网络渠道进行播放,作为流量入口吸引人群;其次,策划微博话题和制作微信表情包,如图 6-7 所示。在微博和微信两大主流场景,将讨论话题分发到受众人群,多渠道覆盖用户场景,成功地完成内容的传递工作,实现了用户留存,为下一步的变现做准备。最后,开通微信人工服务平台,如图 6-8 所示,通过与用户进行俏皮、有趣的互动交流,不仅能够提升用户对雕牌品牌代表的亲密度,还能成功地将顾客吸引到天猫旗舰店完成销售转化。

图 6-6

图 6-7

从雕牌的案例可以看出,它的内容电商转化机制是系统性的,不同的内容,不同的渠道,不同的交互方式,每一步负责什么,都有明确的目标和分工。其转化机制的设计遵循了系统性原则。系统性原则要求对内容的生产进行分层,对传播渠道进行分类。

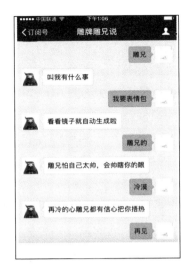

图 6-8

　　通过学习本部分的课程，你觉得内容电商的销售转化机制设计的原则之——系统性是什么意思，谈谈你的理解。

3. 转化机制设计的灵活性

　　创作高质量的内容是为了让用户长期跟随，在内容中穿插或者植入商品信息，或者直接将商品内容化，目的是为了转化。许多内容电商经营者单纯地在文章的末尾展示购买信息，这种转化点设计太过单一。实际上，当用户在阅读文章、观看视频或直播的时候，会有一些情绪变化点，如果内容生产者能够把握住这个点，在内容的周围设置购买入口，将能很好地实现销售转化。例如，将文字或图片设置成超链接或二维码，直接链接网上商城的商品购买页点击即可完成购买，或者在用户日常会使用到的工具或能够看到的地方放置购买入口，都能很好地完成销售转化。需要特别注意的是，用户的消费情绪会随着内容的变化而发生变化，创作者需要抓住时机，在关键的时候灵活推送购买链接。

　　灵活性还体现在要常备各种"种草"资源，链接、二维码图片还有微信小程序等。例如，著名的财经作家吴晓波，开设自媒体"吴晓波频道"，聚集了一大批的中产、新中产粉丝，公众号订阅量破百万，其初期经营的产品主要是吴晓波付费音频节目，后期开始以吴酒为突破口做实物电商。吴晓波在微信公众号的优质原创文章的开头和结尾都放置了音频节目购买入口，为销售转化提供了更多的选择，如图 6-9 和图 6-10 所示。吴晓波频道通过与喜马拉雅合作，放置吴晓波频道付费音频节目，如图 6-11 所示。这样给用户提供了新的购买入口，极大地提升了转化率和顾客的购买率。在实物内容电商的销售转化方面，除了原来的微信公众号提供购买入口外，吴晓波频道还借助微信小程序的"东风"，开发上线"美好 Plus"小程序，如图 6-12 所示。该小程序开设美好+、孤独图书馆、美好推荐等各类购物频道入口。这些都充分体现了销售转化机制设计的灵活性。

图 6-9

图 6-10

课堂讨论

　　通过学习本部分的课程，你觉得内容电商的销售转化机制设计的原则之——灵活性是什么意思，谈谈你的理解。

图 6-11　　　　　　　　　　图 6-12

6.1.2　如何设计完整的转化机制

一个良好的转化机制设计离不开对原则的遵循。转化机制设计的自然性能够很好地提升用户的购物体验，增强用户黏性；转化机制设计的系统性能够让运营者从整体上把握整个内容电商的运行，多场景、多触点地接触用户，发挥一加一大于二的系统效应，提高用户购买的概率，保证销售额；而对于转化机制设计中的灵活性原则，则是指能够根据不同的场景、不同的内容和不同的产品，设置不同的转化点，使得内容电商运营能够保持生命力。那么具体该如何去设定完整的转化机制呢？总体来看，完整的转化机制的设定有图 6-13 所示的几个要素。

图 6-13

1. 营造转化场景

用户在阅读内容和产品使用两个维度都会有一些特定的场景，在设计转化机制时需要认真分析这两个维度的场景。

首先是要迎合阅读内容的场景。例如，有些内容电商运营者的用户几乎在任何场景都会使用微信，如在地铁排队时打开某个订阅的公众号查看今天推送的消息；或在等候取餐时发现手机欠费，利用等餐时间完成在线充值；而有些内容电商运营者的用户则喜欢利用碎片化时间来阅读娱乐内容，他们会在等候吃饭的时候打开 papi 酱推送的当日娱乐视频开心一下，或者是在公交车上听音乐。这些都是用户的内容阅读场景。在进行内容创作时，要尽量短小精练，以满足碎片化阅读，在分发时要考虑用户的平台使用偏好，需要恰当迎合用户的阅读场景。

其次是明示和强化产品的使用场景，即在内容电商运营者预备开始销售一款产品时，需要考虑用户会在什么场合需要用到它。例如，曾经有一篇微信公众号文章叫"我那 50 平方的家，能放下多少上榜好物"，实际上这就是一篇销售各种家居用品的文章，创作者在文章中通过动画的形式描绘了各种场景下需要使用的东西，如日历的使用场景在卧室，如图 6-14 所示；电动牙刷的使用场景在浴室，如图 6-15 所示；食材的使用场景在厨房，如图 6-16 所示；零食的使用场景在客厅，如图 6-17 所示。通过文章内容营销出产品的使用场景，明确地告诉你拥有它，你的生活会有什么改变，最后在文章末尾推送购买链接，成功地实现转化。

图 6-14

图 6-15

因此，内容电商转化机制设定的要素之一就是根据用户阅读场景来营造产品的使用场景，这样的内容触达用户的概率更大，销售转化更强，并且在平稳的内容阅读过程中给顾客良好的购物体验。

图 6-16　　　　　　　　　　　　　　图 6-17

2. 设计原创贴合内容

在今天快节奏的生活时代，各种信息、知识内容泛滥，但人们渴求新颖、原创的内容，渴求在适当的时刻发现适当的事。例如，现今火爆的"暴走漫画"正是抓住生活节奏快、人们生活压力大这一特点，推出搞笑的娱乐视频漫画，如图 6-18 所示。暴走漫画在囊括一大批粉丝后，通过原创内容与脉动品牌进行过一次合作，成功实现了内容电商的销售转化，如图 6-18 所示。通过思考这次转化机制可以发现，暴走漫画贴合脉动的品牌特色，通过原创内容强调暴走漫画的动态感，提高了脉动天猫旗舰店的销量转化率。

所以，内容电商经营者除了需要营造转化场景外，还要深练内功，贴合产品特色和使用场景生产优质的原创内容，使两者相互匹配，以助推转化。

图 6-18

3. 引发粉丝共鸣

母婴电商平台"蜜芽"是我国进口母婴产品限时特卖的首创者，于 2014 年 3 月正式上线。蜜芽上线后，围绕用户做了许多内容布局，首先是建立"蜜

147

芽圈"，给蜜芽用户一个交流讨论、晒娃分享经验的平台，如图 6-19 所示。

图 6-19

母婴产品的安全性、实用性是很多做母亲的人特别关注的，所以一般用户在购买该类产品之前，都会查看很多相关的信息，而"蜜芽圈"内有很多父母亲购买产品之后的晒图，会分享使用体会和经验，这给其他父母亲提供了一定的参考建议。除此之外，"蜜芽圈"平台还配备了专门的母婴达人分享优质的内容，包括各种育儿产品、知识等，这些优质的原创内容能够吸引他们，引发平台粉丝的共鸣，经过口碑传播提高用户数和用户黏性。

由此可见，转化机制的设计除了要完成场景营造、原创内容设计之外，还要引发粉丝共鸣，这样不仅能够留存用户，还能与他们的情感、思想相匹配。

4. 暗示购物需求

内容电商销售转化机制的设定是有规范的流程，前期的营造场景、设计原创内容和引发共鸣都是为了最后的销售转化。在引发共鸣之后，就需要暗示购物需求，去刺激消费者的心理，让用户能够产生购买的欲望。

例如，在一篇叫"一看你的办公桌我就知道你升不了职"的文章中，分别推销了某品牌的方格笔记本、电脑支架、挂耳咖啡三种产品。

首先在提到方格笔记本时，讲到聪明的人都会使用方格笔记本（见图 6-20），因为这种笔记本都是横竖线设计，无论是画图还是画表都很便捷，并重点提到即便是复杂的问题，通过这种笔记本也能很好地记录，还能提升自己的逻辑思维能力，暗示用户产生这种需求。

随后提到电脑支架（见图 6-21），讲到当前的一个现状，很多人坐姿不标准，弯腰驼背没精神，大部分人意识不到这个问题。然后将话题转移到电脑屏幕难以和视线保持一致的高度，这就是暗示购物需求：如果你弯腰驼背没精神或者害怕出现这种状况，就应该使用这款产品。

最后提到工作或者学习中会感到困，这时需要一包咖啡，文中提到平常的速溶咖啡基本约等于人工提取的苦味香料，失去了咖啡原本的香味，这就是在暗示你有挂耳咖啡（见图 6-22）的需求了。

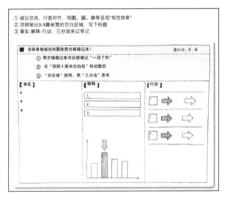

图 6-20

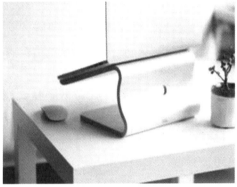

图 6-21

图 6-22

5．提供购买渠道

内容电商跟传统电商一样，也需要盈利才能持续健康地发展，而且其销售转化率往往要高得多，这与内容电商往往具备完整的销售转化机制分不开。除了前期的场景营造、原创内容设计、引发粉丝共鸣以及购物需求暗示外，一个完整的销售转化机制就差最后一个环节，那就是购买渠道的提供。

提供购买渠道首先需要内容电商运营者了解有哪些购买渠道，一般来说，可以是天猫、淘宝、微店、京东或者其他购物平台。如果用户主要活跃在微信平台，建议使用微店或者京东平台。近来微信小程序也不断爆发，各类电商小程序为在微信平台进行内容电商运营的个人或者团队提供了方便的购买渠道，公众号与小程序的配合可以使销售转化更加顺畅。用户使用小程序的入口很多，如通过扫小程序、微信搜索、发现、附近小程序等都可以进入小程序，而且使用过的小程序会按使用的先后顺序出现在小程序面板里。小程序面板可以在微信消息窗口下滑消息列表时调出，如图 6-23 所示。

如果用户主要活跃在微博平台，建议使用阿里系的电商平台。购物渠道往往以链接到商品购买页面的超链接或者二维码来呈现，后者的使用更为流行和普遍。如果用户来自各类头条等内容平台，可以根据这些平台的规则提供超链接或二维码。

图 6-23

　　"小小包麻麻"是一个专注于母婴用品评测的微信公众号,内容主要包括育儿知识和产品测评两大块。由于母婴人群的特殊性,其资讯获取和购买决策往往呈强相关,转化率颇高。请通过搜索进一步调查"小小包妈妈"的运营情况,将其销售转化机制五个方面的关键词填写到表 6-1 中。

表 6-1　内容电商的销售转化机制

要素	营造转化场景	设计原创贴合内容	引发粉丝共鸣	暗示购物需求	提供购买渠道
关键词					

// 6.2　搭建统一的销售承接平台

6.2.1　为何要搭建统一的销售承接平台

　　设计好内容电商的转化机制后,就要搭建统一的销售承接平台。搭建这样一个平台的原因主要有以下几点。

1. 提高内容生产效率

　　搭建统一的销售承接平台能够从根本上提高内容生产效率。

　　首先,一个人的力量是有限的,而搭建一个统一的平台,必定需要一个团队,通过团队的协作分工,可以更好地明确每一次内容生产的目的,以及内容生产所对应的销售商品,从而保证之后一系列的运作协调高效。这样,每次只要有了一个明确的销售目标,团队就能自然地运行,进而也就保证了内容的生产效率。

　　其次,有了销售承接平台,也就意味着每天生产的内容所带来的销售订单来源以及阅读量和转化率都是可以统计和量化的,这样能促使团队中的各个成员更好地明确自己的职责。对于内容负责人,他们能够更好地规划整体布局，设计好内容生产流程，保证各个环节依次地展开，从而提高内容生产的效率；对于内容运营人，他们在有了销售承接平台之后，能明确自己的推广渠道布局，清晰设计暗示购物需求的内容，提供购买的渠道等；对于内容包装者而言，通过搭建一个统一的销售承接平台，能够给他们明确的包装导向，更好地促进销售；对于用户而言，一个统一的销售承接平台能够更好地提升他们的购物体验，保障他们的售后服务等方方面面的权益。

吴晓波频道利用微信小程序创建了"美好的店"，作为自己粉丝的一个购买入口，统一承接来自吴晓波频道各个流量来源。这样，不同渠道前来的流量数据都可以清晰地呈现并做对比，从而提升其内容创作效率。

2. 保证内容生产质量

什么是好的内容？或者是易于阅读的，或者是易于理解的，或者是易于被受众找到的，或者是能引起目标受众分享的，或者是能引起目标购买的内容。这些都可以作为优质内容的判断标准。搭建统一的销售承接平台，能够让内容生产有一个明确的导向，确切地说能够通过对内容生产标准的评价和销售结果的评价，来判断哪些指标对自身用户的阅读、分享以及购买产生积极影响，哪些指标可以产生长期影响，哪些指标可以产生短期影响，等等。这样可以为内容生产质量的不断提高提供数据决策。

3. 保证销售转化率

内容电商的销售转化有其内在的运行机制。内容电商运营者通过持续创作优质的内容吸引新用户，以达到引流的目的。新用户进来后，运营者通过内容和用户的运营，促使用户养成阅读习惯，也就是说利用互动内容沉淀用户，实现用户留存。在实现用户引流和留存的过程后，内容电商运营的最后一个关键环节（即销售变现）就得跟上。在信息分发的同时，统筹铺设各种销售入口，完成商品的同步分发，实现流量入口与销售承接与转化的无缝衔接，使用户即看即买，将注意力和购买意向迅速转化为购买行动。要实现较高的销售转化率，需要内容电商运营者搭建统一的销售承接平台来承接来自各个媒体平台的用户流量。

搭建统一的销售承接平台能够缩短销售转化路径，改变用户长时间、长路径搜寻状态，简化烦琐的过程，能够实现内容分发与销售通路一体化，实现与用户的"一次相遇，多重任务"，提高转化效率。

总之，搭建统一的销售承接平台，是内容电商生产机制能够持续经营下去的关键，它给用户积累和留存提供了一个很好的出口，不仅成功地保证了用户的内容需求得到满足，也保障了他们自身良好的购物体验。

6.2.2　如何搭建统一的销售承接平台

搭建内容电商统一的销售承接平台，其目的是在内容分发到全网域多场景后，为用户提供统一的销售转化承接入口，统一汇集意向订单，缩短销售转化路径，减少目标用户流转的损耗，如图 6-24 所示。

图 6-24

前文已经阐述了搭建统一销售承接平台的原因，即可以提高内容的生产效率，保障内容生产的质量，提升销售转化率。要搭建统一的销售承接平台，主要做好以下几个工作。

1. 全网域、多场景覆盖

除去睡觉无意识的时间段，用户其他任何一个时间段都生活在相关的场景下，场景覆盖着用户的生活范围。在这些生活范围中，用户所有的购买行为也都是在这些场景下实现的。品牌想要实现其价值，就必须有特定的场景，对于内容电商的销售转化来讲，构造特定场景从而引起和刺激用户购买欲望，就显得尤为重要。例如，毕业、职场、交友、兴趣、婚恋、购房、旅行、育儿、投资理财等场景，对此搭建统一的销售承接平台时，首先需要基于现有的技术，通过互联网和移动端搭建虚拟的场景或者借用真实的场景进行销售转化准备，在这个过程中要充分利用上述所提到的生活中的场景。

例如，在某汽车品牌的营销服务中，该公司在信息分发页面铺设了多种形态的转化入口，让汽车消费者所见即所得。该公司在多个场景下分别覆盖销售顾问咨询入口、促销活动报名入口、商品下单入口、问答咨询入口等，如图 6-25 所示。这样可以实现让用户即见即买，大大提高销售转化率。

销售顾问咨询入口 　　　　　促销活动报名入口 　　　　　商品下单入口、问答咨询入口

图 6-25

2．建立统一的销售订单收口

为了能够更好地缩短销售转化路径，减少目标用户流转的损耗，在做到智能化场景覆盖之后，可以开始建立统一的销售订单收口，将营销物料、商品入口同时分发，承接商品链接、咨询链接、服务入口等。另外，通过销售订单收口，有利于聚合总体潜在客户的转化及意向数据，实现打通性的销售转化数据管理，发挥更大的应用价值，如此方能更好地汇集用户订单，进一步实现销售转化。

3．构建灵活的柔性供应链

因为内容的吸引力，聚集了粉丝；因为内容运营的高效和质量，留住了粉丝，积累了数据，给产品提供了参考；因为内容推广成效，成功地吸引了更多粉丝；因为选择合适的产品，成功地实现了销售。有时内容电商的产品销售会突然火爆，有时又会突然降温，爆发和降温都是一瞬间的事，此时你的产品供应柔性化就很重要。

构建灵活的柔性供应链，首先要关注产品质量，与不同的品牌商合作，寻找优质稳定的货源，以便能够灵活地提供令用户满意的商品；其次应完善渠道销售，即选择是自建网站销售还是采取和第三方合作，或者是两者综合一下，这都需要根据公司的资金和实力灵活应对；最后是物流效率，内容电商销售的产品最后递送到消费者手中是需要物流的，物流的速度和质量将影响用户的购物体验，对此，内容电商运营者应该考虑与优质的第三方物流合作或者筹备资金构建自己的物流体系。

著名的"电商+社区"小红书（见图 6-26），首先通过 UGC 形式生产优

质内容，引入流量，其次投入相当大的资金去搭建自己的供应链系统，包括与品牌方谈合作、海外直采、建立仓储、管控海外运输等。所以，小红书在跨境产品销售方面取得了骄人的成绩，进入了内容电商的良性循环，即通过内容运营吸引顾客、留存顾客，通过电商运营转化顾客，最后不断提升用户的购物体验。

图 6-26

4．建立科学的数据分析模式

无论是互联网还是移动互联网时代，数据都显得尤为重要。前期的统一销售收口，能够汇集意向用户订单，为此需要建立科学的数据分析模式，如通过不同场景数据分类比较来发现数据背后所隐藏的场景匹配规律，又如可以根据数据分析来确定场景来源、产品偏好、内容偏好、潜在客户标签管理、销售转化追踪、渠道分发效率等。

5．建立统一的团队分工

统一销售承接平台不是一个人的事，整个内容电商运营团队中应该有人负责内容生产，有人负责内容运营，有人负责内容推广，有人负责把控产品供应，有人负责用户购买体验，有人负责用户售后。在具体的组建上，可以依据自身的实际情况来组建。但是需要明确一点，在组建之后，一定要明确分工，每个环节的数据可获取，这样可以保证内容生产的质量，保障内容运营的高效以及较高的销售转化率。

请通过收集秋叶大叔在新媒体领域的内容创作、分发及变现资料，从场景覆盖、销售收口、供应链、数据分析和团队分工几个方面写出关键词，并将其填入表6-2中。

表6-2　秋叶大叔新媒体内容电商销售承接平台

场景覆盖	销售收口	供应链	数据分析	团队分工

// 6.3　构建高效的经纪人体系

近年来在去中心化、散点式的互联网环境下，传统商家的角色无法完成与用户之间的即时、直接交流，由此产生的种种弊端将显著影响商家的销售转化效率。因此，内容电商的高销售转化需要借助经纪人角色来完成。经纪人角色可以代表商家走向前台，以个人形态与用户进行直接、一对一的销售服务，由此帮助商家大幅度提高销售转化效率。传统的房地产、保险、金融、旅游、汽车等诸多行业在线下早已有经纪人助力销售的商业模式，在新的内容电商时代，服饰、美妆、数码等产品的商家也开始充分借力互联网经纪人体系，实现销售转化。

课堂
讨论

（1）你在日常生活中接触过哪些类型的经纪人？对他们有些什么认识？

（2）有人说经纪人就是商家委托与客户打交道的人，电子商务活动中的经纪人就是客服。你认同这个观点吗？谈谈理由。

6.3.1 什么是内容电商经纪人

一般来说，经纪人是指为促成他人商品交易，在委托方和合同方订立合同时充当订约中间人，为委托方提供订立合同的信息、机会、条件，或者在隐名交易中代表委托方与合同方签订合同的经纪行为而获取佣金的依法设立的经纪组织和个人。那么，到底什么是内容电商经纪人？实际上，大家常见的淘宝达人就扮演了内容电商中的经纪人角色。在电子商务时代，以各类意见领袖、内容达人、"网红"等为代表的经纪人随着内容电商的兴起开始迎来掘金时代。

例如，淘宝许多美妆、服饰等行业的商家通过与达人建立经纪关系，通过达人生产商品内容分发给达人的粉丝受众，从而实现销售转化，这就是内容电商的经纪人——淘宝达人的作用。对于淘宝达人，他们通过开设自己的账号对自身进行个人形象包装，通过持续输出内容在用户群体中形成独特的性格属性，提升用户信任与偏好。作为商家的经纪人时，他们通过创作内容并配合互动形式，将产品信息植入账号的日常内容分发中，将用户对达人的偏好转化为产品偏好，从而完成销售转化。

内容电商中经纪人的工作就是和商家建立一定的契约关系后，充分学习相关的产品知识，进行与产品相关的内容创作，以图文、短视频或者直播的形式向用户"种草"，并积极与用户互动，进行销售引导。他们平时也会在各大平台或者自己的私人网络阵地宣传和扩展自己的圈子，发布个人或者与产品相关的内容，如怎样优惠地完成购买，如何更好地买到适合自己的商品等，同时进行用户跟进，促使成交。总的来说，在内容电商中，经纪人的角色就是通过自己的影响力，以内容输出吸引用户、服务用户、销售商品，承担起消费者和商家之间的桥梁，以提高商家的销售转化率，提升用户的购物体验。

6.3.2 如何构建高效的经纪人体系

站在内容电商经营者的角度，构建一个高效的经纪人体系不仅能够大大提高销售转化率，而且还能大大提升用户的购物体验。哪种模式的商家需要构建经纪人体系呢？一般来说，基于电商平台的内容电商经营者更需要构建高效的经纪人体系。在这种内容电商模式中，电商内容化主要有两条途径，一条是商家自我转型生产内容，另一条就是依托经纪人的内容生产和影响力来促成交易。那么具体应该如何去构建高效的经纪人体系呢？

1. 电商平台内部的经纪人体系构建

以淘宝平台的内容电商运营者为例，其构建高效的经纪人体系实际就是构建一个达人合作体系，因为单个达人每次的任务具有一次性，所以与单个达人的合作都是以具体的项目来开展的。因此，商家在内容电商运营的过程中，考虑到不同时间、不同商品、不同内容形式，所以最好能够与一批达人达成长期或者短期合作。

与达人合作主要有与达人运营机构合作和直接与达人合作两种。随着淘宝内容化发展，许多专门运营内容达人的机构不断涌现，一些超级达人往往也都有专门的机构帮助运营，所以直接与机构合作是一种比较高效的合作方式。但这种方式往往门槛比较高，而且报价不低。与达人直接联系合作的方法主要有四个重要环节，如图 6-27 所示。

图 6-27

（1）自身定位

在寻找达人合作前，商家一定要清楚自己要推什么样的商品。商品面向的客户人群是哪些？例如，商家经营韩国代购女鞋，产品本身具有自己的特性，如时尚，而韩国代购产品由于地区性和代购费，往往价格比较高。韩国代购的客户群体一般具有比较强的黏性，一般是都市具有较强消费能力的女性群体，这样就基本确定了客户属性。此外，还要考虑商品的成本和利润空间，有多少个点的佣金能给达人。例如，鞋品上新，是否可以给出 60 元优惠券+20%佣金。

（2）寻找达人

寻找达人的时候主要考虑好需要和哪种类型的达人合作。根据对产品属性和用户人群进行分析，确定需要找到的达人的具体特性。还是以做韩国代购女鞋为例，通过自身定位，寻找的达人应该具备以下特性：达人应该是从事美妆、服饰、鞋类、箱包等领域，可通过搭配等方式来推广产品；达人粉丝群的消费层级、粉丝的喜好、粉丝的年龄范畴等，应该与产品互相匹配；达人的观众数、转化率、阅读量等以往相关数据，应符合商家要求和期望。

确定了达人特征后，找达人就不是一件难事了。可以从渠道入手，想找哪个渠道的达人，就去相关的频道找，通过分析其内容看看是否与自身需要寻找的达人特性相匹配。此外，还有一个非常简单的办法，就是通过阿里 V 任务的平台来找达人。

（3）建立合作

建立合作之前首先是联系达人。和达人联系时，开场白要直观明确，可以礼貌，但不要说简单的"你好"之类的招呼语，建议开门见山直接说主题，例如："你好，我是×××店铺的负责人，现有×××商品需要推广+链接+图片，60 元优惠券+20%佣金，可否合作？可以寄样品哦。"另外也要注意联系的时机，以提高达人的回复率，如直播达人在直播结束后的半小时内回复率是很高的。

和达人达成了初步的合作意向后，创作者就需要新建一个达人专属的定向计划。后台找到推广计划中的新建定向计划，按照和达人协商的来填写时间和佣金等具体信息。对长期合作的达人及包月达人，可指定推广计划，这样便于及时了解效果。对于同一款产品，可以让多个达人同时推，使抓取概率更高，也可以多渠道推广产品，使流量覆盖面更广。内容经达人渠道推广后，会有一个由沉淀到曝光再到爆发的过程，对一些大促，尤其是如"双十一"的大促，各商家集中推出的内容会很多，最好提前 2 个月开始投放。

（4）维护关系

和达人达成首次合作后，要注意维护关系。因为商家的目标是建立一个达人体系，这需要有大量的合作达人，所以在与每个达人合作时，要尽可能多为达人提供方便，如多准备图片、文案等素材或者适当提高佣金等。除此之外，可以和达人增加日常的聊天互动，如平时经常打打招呼，时不时聊聊行业动态，给朋友圈点个赞等，甚至可以给达人介绍一些商家圈子，这些都将大大拉近与达人的距离。

2．非电商平台的经纪人体系构建

如果跳出电商平台，内容电商运营者如何构建高效的经纪人体系呢？有商家通过微信分销，也有商家通过招募自媒体合作方，不管是什么样的方式，其目的都是要围绕商家的内容分发、产品教育、销售引导以及客户跟进等商务环节与用户建立中间联系，以提高销售转化率，如图 6-28 所示。

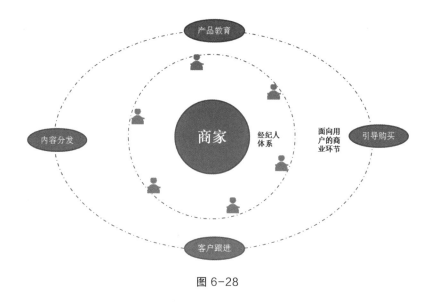

图 6-28

经纪人体系一旦构建起来，要做好系列配套工作以保障经纪人体系的良好运行。首先，应该有完善的产品知识素材资源，这些资源应该是商家标准的企业文化和相关产品知识，以保证经纪人的内容创作不能偏离轨道；其次，要通过对经纪人的梳理进行分类和分层管理，这样有利于资源效率的提升，可以更高效地提升客户服务；最后，需要有精神和物质的激励措施，对于好的经纪人，要能够给予奖励。

实战训练

京东近些年也一直致力于转型内容化电商，对外与今日头条、微信等合作扩展内容布局，对内也将平台进行了一些内容化改造。请登录手机京东，看看它是否也有内容达人？如果有，你觉得它与淘宝的达人体系有哪些不同呢？

// 6.4 依托产业互联网平台助力转化

产业互联网是传统行业与互联网联合后的新型业态，是企业战略的一种模式。随着网络化进程由个人转向企业，以为行业和企业服务而产生收益为主要盈利模式的产业互联网逐渐兴起。对于内容电商而言，在销售转化环节，依靠前面所提及的设定系统完整的销售转化机制，到构建统一的销售承接平台，再到构建高效的经纪人体系，对于实现最后的销售转化都能够起到一定的作用，但是如何系统性地实践需要有产业互联网的商业赋能。依托产业互联网平台，可以更好地整合资源，有利于提高销售转化效率。

6.4.1　产业互联网平台的价值

一方面，在互联网发展前期，我国的互联网行业处于由百度、腾讯和阿里巴巴主宰的消费互联网时代，然而随着以价值经济为主要盈利模式的产业互联网的逐渐兴起，互联网开始从营销端渗透到生产端，企业价值链的研发、设计、采购、生产、营销等各环节开始在网络化平台上进行供需匹配，极大地提高了效率，解决了信息不对称等问题，进一步提升了用户的购物体验。另一方面，由于传统的消费互联网公司巨头在行业经验、渠道、网络和产品认知等方面存在一定的壁垒，产业互联网将呈现一片蓝海。总体来说，产业互联网具备以下价值。

1．提升效率

在产业互联网时代，以生产者为主要用户，这将帮助商家更好地整合资源，在生产、交易、融资和流通等各个环节实现网络渗透，达到提高效率和节约能源的目的。

2．优化资源配置

消费互联网极大地改善了人们的阅读、出行、娱乐等诸多方面的体验，而产业互联网将通过大数据分析进一步优化资源配置。

3．创造更高价值的产业形态

产业互联网的商业模式是以"价值经济"为主，即通过传统企业与互联网的融合，寻求新的管理、服务模式，为消费者提供更好的购物体验，这将创造出不仅限于流量、更注重用户自身体验和企业效率提升的更高价值的产业形态。

总之，产业互联网涉及全网域渠道资源匹配、商业链条等多个环节，单一客户或媒体不能够完成。因此，如果想更好地实现内容电商的销售转化，需要建立在产业互联网服务平台的系统化支持上，如此才能有效承接统一的销售平台，从而协同驱动整体商业体系的高效运转，这就是产业互联网平台的价值。

"产业互联网"这个概念是相对哪个概念提出来的？你觉得产业互联网与内容电商有什么关系呢？

6.4.2 借力产业互联网平台，提升转化

在消费互联网时代，企业与企业之间竞争的是流量，而在产业互联网时代，其核心竞争力是企业整合资源的能力。由于产业互联网市场目前是一片"蓝海"，因此内容电商的出现，可以更好地借力产业互联网平台，更好地在销售转化环节实现智能化生产和个性化定制，更好地完善自己难以解决的物流和融资等问题。借力产业互联网平台提高企业的销售转化率成为一种可能。

下面以行圆汽车为例来看看什么是产业互联网平台。行圆汽车作为友好的第三方服务方，通过搭建全国统一的车源批售及调剂服务、互联网营销服务、全网域信息和商品分发服务等创新型平台，为厂商、经销商提供全新的移动互联网汽车营销及销售解决方案。其具体业务架构如图 6-29 所示。

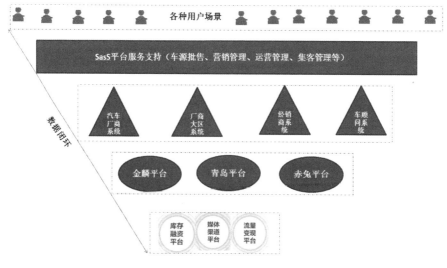

图 6-29

首先，行圆汽车组建了三大事业部，分别是库存融资平台，该平台负责为全国汽车生产机构及经销机构搭建统一的批售平台；媒体渠道平台，该平台负责客户端产品覆盖，主要从 PC 端、App、H5 等终端来实现该目的；流量变现平台，该平台负责聚合"80W+"自媒体、"300+"App 资源，并搭建完善的分发场景体系。

其次，搭建三大业务运营平台，分别是金麟平台、青鸟平台和赤兔平台。金麟平台主要负责面向销售企业的车源批售和调剂服务；青鸟平台主要负责互联网营销服务；赤兔平台主要负责全网域信息与商品分发。

再次，进行输出，即组建四级客户应用系统，分别是汽车厂商系统、厂商大区系统、经销商系统和车顾问系统，这四个系统的组建是为了下一步对于客户的开放管理做支撑，分别是车源批售、营销管理、运营管理、集客管理、用户管理、工具服务、内容服务、交易服务和数据服务等。这些服务由于前期平台的搭建，能够做到全网域汽车消费场景用户全覆盖。

最后，从前面组建的上游的库存融资平台、中游的媒体渠道平台、下游的流量变现平台到最后的用户相关数据形成一个闭环，从而给行圆汽车提供丰富的数据支持，能够通过数据分析精准定位客户，精准分发内容，最快速地完成销售转化。

对于汽车内容电商运营者而言，如果能够借力这一汽车产业互联网平台，就可以利用其汽车产业各个主体及用户的相关数据，为做好汽车内容生产提供数据依托，利用产业互联网平台的相关工具，还可以解决内容分发问题，从而最后保证汽车内容电商有更高的转化效率。

课堂讨论

除了汽车产业互联网平台外，你觉得还有哪些行业适合创建产业互联网平台？它们有哪些共性？

07 Chapter

第 7 章
内容电商之案例分析

通过阅读本章内容，你将学到：

- 不同行业和领域内容电商的案例分析及运营特点
- 内容电商的完整分析框架

// 7.1　宝宝树

在内容电商中，育儿一直是比较热门的领域。宝宝树是全球最大的育儿网站，它在内容电商方面有很多值得学习的地方。本节便对宝宝树进行案例分析，让读者加深对内容电商整个体系的理解与应用。

7.1.1　宝宝树——大型育儿网站社区

宝宝树成立于 2007 年，由谷歌前亚太区营销总监王怀南和前易趣创始人邵亦波联合创办，经过六年的时间，它便成为超过美国母婴社区 Babycenter 居全球第一的育儿社区。据百度百科资料显示，宝宝树的注册用户达 1600 万，月独立访问用户数量已达 5500 万，覆盖 8 成从孕期到 6 岁幼儿的中国互联网妈妈，家庭日记上传量达到 2000 万篇并以每天 1 万篇的速度增长，家庭照片日上传量高达 22 万张，累积存储达到 2.2 亿张，每天都有近 20 万条育儿问题与互动解答，所汇聚活跃的年轻妈妈群体多数为"80 后"乃至"85 后"。

其实，对宝宝树来说，关键的一年是 2012 年王怀南决定把 80%～90% 的人力和物力统统放在移动端，从 PC 端向移动端迁移，这也让宝宝树顺应了时代潮流，抓住了移动互联网带来的流量红利。2014 年 10 月，宝宝树成立旗下电商服务平台美囤妈妈，依托其每月 2 亿的独立访问流量，通过"社区+电商"的商业模式，基于大数据分析和用户画像，为母婴家庭用户提供精准的优质商品及服务。成立不到两年的美囤妈妈便实现了规模化盈利，成为中国第一家盈利的母婴家庭电商平台，同时荣获"上海市电子商务示范企业"荣誉称号。

> **课堂讨论**
>
> 你知道"年糕妈妈"和"凯叔讲故事"吗？试着用百度百科进行搜索，并与同学们讨论这两个育儿类内容电商的成长历程。

7.1.2　宝宝树内容电商案例分析

本小节将从产品选择、内容策划、内容创作与传播、销售转化四个方面对宝宝树进行案例分析，进一步提升创作者对内容电商的认知和理解。

1. 产品选择

宝宝树的用户群体为准备怀孕、怀孕期以及 0～6 岁的婴幼儿父母。宝宝树根据用户群体严格选品，与用户特性匹配，故其产品都是母婴类产品，如图 7-1 所示。

除了为用户挑选优质的母婴产品外，为了提升用户体验，宝宝树尝试自主品牌的研发。宝宝树通过大数据研究市场空白点，生产出 90 天保鲜期、适合孕期妈妈使用的洗发水，蝉联孕妇洗护品销量榜首。宝宝树与太阳纸业共同研发专属的无添加母婴纸巾，如图 7-2 所示，自推出以来，市场变现和用户口碑都超过了同期产品。因此，在选品方式上，宝宝树兼顾选择优质供应商的产品及自主设计生产品牌，确保了核心竞争优势。

图 7-1

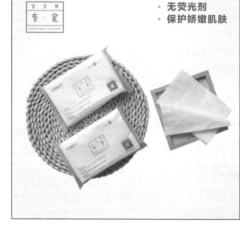

图 7-2

宝宝树拥有自己的电商平台"美囤妈妈"，能柔性供应产品，而且宝宝树自主研发的实力确保了产品的"三高一低"——高毛利率、高相关性、高内容性及低曝光度。由于宝宝树自主研发及自建平台，缩减了成本，减少了中间供销商环节，故保证了其产品的高毛利率；宝宝树根据核心用户画像及平台上的大数据，自主研发满足用户需求的产品，确保其产品的高相关性；宝宝树社区聚集了大批母婴专家及达人，他们分享育儿过程中的经验及心得，确保其推荐产品的高内容性；宝宝树具有自主研发及全球购措施，确保其产品的稀缺性，满足产品的低曝光度及个性化需求。

　　在宝宝树电商平台"美囤妈妈"和京东上分别搜索"无添加母婴纸巾",查看其搜索结果,并与同学们讨论宝宝树自主研发产品的优势。

2．内容策划

　　在内容策划阶段,宝宝树确保内容形式多样化,有微信小程序、视频及问答等轻量化内容。例如,宝宝树有"宝宝树拼团"微信小程序,如图 7-3 所示;官方微博会发布短视频信息,如图 7-4 所示;"宝宝树孕育"手机客户端有问答入口。轻量化的内容形式,确保内容快速触达用户,实现转化效率的提升。

图 7-3

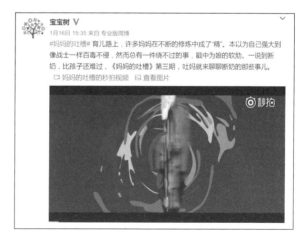

图 7-4

　　宝宝树的内容形式也满足了场景化要求,如"秋冬这样吃,孩子不生病"便提前规划秋天和冬天使用场景,而且以"吃"和"不生病"与母婴生活紧密关联,内容中不仅推荐了主食产品,还介绍了蔬菜、水果、荤菜及豆类等,多样化的场景设计满足了用户的购买需求,如图 7-5 和图 7-6 所示。

　　宝宝树在策划内容时,具备吸引、认知和转化三要素,提升了内容转化效果。例如,"学会这招,准确判断孩子是否冷"便以用户为出发点,提供了几种生活中妈妈经常遇到的误区,如很多妈妈认为"孩子手脚凉就是冷了"

“孩子打喷嚏就是感冒”等，其实这些都是不正确的。究竟用哪招可以真正判断孩子是否冷，增强了用户好奇心，达到了吸引效果。内容中用儿科医生（见图 7-7）及美国儿科学会（App）作为权威论证，提升了说服力，从而达到认知效果。内容所列的产品都是孩子经常用到的，如“保暖内衣”“婴儿退热贴”等，“立即购买”（见图 7-8）且可用支付宝或微信支付，付费路径短，符合用户的消费习惯，达到了高效转化效果。

不同颜色的蔬菜
秋天是个收获的季节，市场里花花绿绿的摆满了各色的蔬菜，又有哪些是适合孩子吃的呢？
这里想和大家分享一个简单的挑选蔬菜的方法，就是按颜色买蔬菜，不同颜色的蔬菜有不同的滋补效果哦！
新西兰佳沛阳光金果奇异果猕猴桃 15个装
¥109.8
618 人已囤
低脂、高蛋白的荤菜
荤菜是宝宝重要的能量和营养来源，一般秋天孩子的胃口也都好于夏天，因为身体要为抵抗冬天的寒冷做准备嘛。
这个时候呢，既要给孩子补充足够的营养，也要小心把他们变成小胖子哦。最好就是多吃一些低脂、高蛋白的肉类，烹调时记得少油少盐，清炖、煨汤和蒸菜都是很好的选择。
福建琯溪蜜柚白肉2粒装（单果750-1000g）坏果包赔
更多推荐

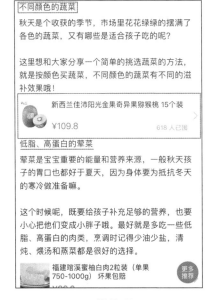

图 7-5

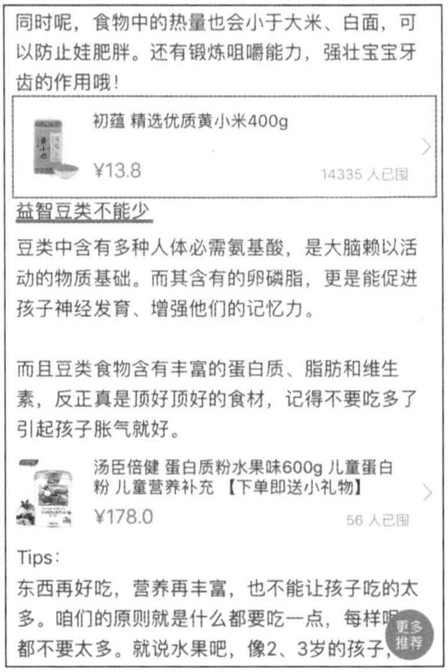

同时呢，食物中的热量也会小于大米、白面，可以防止娃肥胖。还有锻炼咀嚼能力，强壮宝宝牙齿的作用哦！
初蕴 精选优质黄小米400g
¥13.8
14335 人已囤
益智豆类不能少
豆类中含有多种人体必需氨基酸，是大脑赖以活动的物质基础。而其含有的卵磷脂，更是能促进孩子神经发育、增强他们的记忆力。
而且豆类食物含有丰富的蛋白质、脂肪和维生素，反正真是顶好顶好的食材，记得不要吃多了引起孩子胀气就好。
汤臣倍健 蛋白质粉水果味600g 儿童蛋白粉 儿童营养补充 【下单即送小礼物】
¥178.0
56 人已囤
Tips：
东西再好吃，营养再丰富，也不能让孩子吃的太多。咱们的原则就是什么都要吃一点，每样呢都不要太多。就说水果吧，像2、3岁的孩子，
更多推荐

图 7-6

3. 内容创作与传播

宝宝树所创作的内容，满足内容传播的四要素——故事、情绪、关联和价值。例如，“【必看】96.2%妈妈都是洗衣盲，宝宝衣物你洗对了吗？”，文章一开头便用故事描述当妈的各种操心事，一天洗好几次衣服等。文章还渲染了衣服经常洗不干净的烦躁及恐慌情绪，加强了内容与用户的情感连接。此外，文章列出了奶渍、口水渍等场景（见图 7-9），与用户生活中的高频事件关联在一起。最后，文章推荐了产品，提供了解决方案（见图 7-10），为用户提供了价值，在“美囤妈妈”上阅读量突破 2.2 万次，提升了传播效果。

最近气温变化快，感冒发烧的宝宝增多。我身边一位儿科医生告诉我，"来儿科看发热的宝宝，有不少穿了很多层衣服，长辈认为捂一捂发汗就好了。"事实上，这样做有害无益。

因为宝宝自身体温调节功能还比较差，捂得太多宝宝一时无法散热，很容易适得其反，严重的还会导致"捂热综合征"，危害宝宝健康。

正确的做法是：像往常一样穿衣，发烧时，及时给宝宝散热。

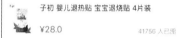

　　子初 婴儿退热贴 宝宝退烧贴 4片装

　　¥28.0　　　　　　　　　41756 人已围

这样穿衣，不会错

前面所述只是解决了"长辈常犯的错误"这一问题，怎么穿衣，如何把握好度，让宝宝既不冷

图 7-7

子初 婴儿退热贴 宝宝退烧贴 4片装

采用工艺PE隔集防水透气优秀在能于一身；特柔低敏网面柔软亲肤，不刺激肌肤，物理降温，快速起效散热，健康退烧保护大脑，持久散热，使用方便、实用、有效，婴幼儿用品同时也适用于全家使用

¥28　¥59

运费:¥6.0（满58.0包邮）　　　　41756 人已围

促销：多买打折 加入购物车立享6折

• 正品保证　• 支持7天无理由退货

客服　收藏　购物车　加入购物车　立即购买

图 7-8

可乐妈妈
2017-11-15 09:55　2.2万　　+关注

【必看】96.2%妈妈都是洗衣盲，宝宝衣物你洗对了吗？

自从娃娃落地，当妈的可真是操碎了心啊，宝宝喝奶不老实，经常把奶洒在衣服上。等到长牙时，口水流得哗哗的，戴了围兜也不顶用，照样把衣服弄得湿湿的，有时一天要给宝宝洗好几次衣服。妈妈们不由感慨，幸亏是奶渍、口水渍，搓一搓，就差不多洗干净了。但是，妈妈们，美小围想说你们真的确定看不见污渍就是洗干净了吗？

图 7-9

|婴幼儿安全洗衣新标准

①洁净无残留植物配方：宝宝衣物多为棉质，具有较强的吸附力，简单漂洗难以去除纤维中的化学残留。而植物洁净成分是摒除化学残留最彻底有效的方式。

②抑菌防霉除甲醛：清洁只是"安全洗衣"的第一步，洗衣液要尽可能对抗细菌、霉菌、甲醛，保持宝宝衣物的安全状态，减低环境中的有害物质对宝宝肌肤和身体健康的风险。

③不添加无刺激：安全洗衣，植物成分做加法，而要对化学成分做减法。不能含有增白剂、磷、漂白剂、色素等化学成分。

爱护 婴儿洗衣液抑菌洗衣皂液组合 宝宝专用洗衣液2L+婴儿洗衣皂360G

¥129.0　　　　　　20559 人已围

|专业科普，避免常见2大误区

误区1：婴儿衣物可以机洗，用通常的程序就行。可以跟健康成人的衣物混洗。

图 7-10

4．销售转化

　　宝宝树的转化机制非常系统化，无论是新浪微博、微信公众号还是官网、手机 App 等，都实现了全网多渠道覆盖，而且具备小程序拼团、一键支付等灵活性。宝宝树建立了统一的平台收口，无论是新浪微博、微信公众号，还是官网论坛，最终都将用户引流至自有的手机 App，如图 7-11 和图 7-12 所示。宝宝树将所有用户引流至"宝宝树孕育"App，可以避免依赖第三方平台，满足不断发展壮大的需求，如万一哪天新浪微博不再活跃，或者微信公众号被封，宝宝树有自己流量的 App，也能继续存活。

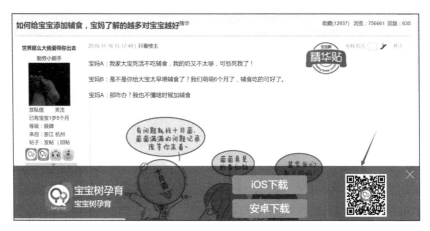

图 7-11

图 7-12

宝宝树有统一的销售订单入口，即美囤妈妈，无论是手机 App 还是官网、小程序等，其所有的购买入口都是宝宝树自有的电商平台美囤妈妈，这样便于统一对数据及用户需求进行分析。宝宝树上有医生、育儿达人等，这些创作者源源不断地输出优质内容，构建了高效的经纪人体系，提升了销售转化效率。

// 7.2 故宫博物院

故宫博物院是我国最大的古代艺术博物馆，位于北京紫禁城内。作为传统博物馆，它却在 2015 年成为规模宏大的"网红"，做电商获得了巨大的成功与关注。现今，故宫博物院旗下的天猫店有故宫博物院文创旗舰店、出版旗舰店和门票旗舰店，在京东上有故宫商城，在淘宝上有故宫淘宝。本节以故宫淘宝为例进行案例分析，探讨传统博物馆内容电商的成功模式。

7.2.1 故宫淘宝——传统博物馆的内容电商模式

故宫淘宝是故宫文化服务中心授权运营的淘宝网店，目前店铺粉丝数超过 200 万人，产品包括故宫娃娃、生活产品、文房书籍等故宫周边产品，曾创下 8 小时内售出 1.6 万单的纪录，并多次登上微博热搜。

故宫淘宝以"软萌"的形象刷屏朋友圈，颠覆了用户对传统皇家风范的认知（见图 7-13），吸引了大批年轻用户。据统计，截至 2015 年年底，故宫博物院共计研发文化创意产品 8683 种，其中在 2013—2015 年期间，故宫博物院研发的文化创意产品累计达 1273 种。故宫的文化创意产品销售额也从 2013 年的 6 亿元增长到 2015 年的近 10 亿元。故宫博物院院长单霁翔表示，未来故宫的文化创意产品将从"数量增长"走向"质量提升"。

图 7-13

可以说，故宫博物院的做法为很多国有博物馆提供了示范和榜样作用。

课堂讨论

在淘宝上搜索"故宫淘宝"，并与同学们讨论故宫淘宝上的产品与你印象中的皇家风范有何不同。

7.2.2 故宫淘宝内容电商案例分析

本小节将从产品选择、内容策划、内容创作与传播、销售转化四个方面对故宫淘宝进行案例分析，进一步提升创作者对内容电商的认知和理解。

1. 产品选择

互联网活跃用户大部分集中在"80后"和"90后"群体，故宫淘宝便以严肃和活泼并存，紧紧抓住这部分群体，并匹配相应的故宫周边衍生品。故宫选品方式大多以供应商这种外包模式，即由故宫博物院相关部门提出文化创意产品需求，产品设计由社会上的合作单位完成。除了外包的工作模式外，故宫还对合作经营单位进行考察并打分，根据结果择优选择，实行"末位淘汰制"，适时淘汰不达标的三级供应商。目前，为故宫博物院提供文化创意产品设计和加工的企业已达60余家。

据故宫博物院相关负责人介绍，故宫每款文化创意产品的研发周期都在8个月左右，故宫都是自己找大企业合作，从创意到产品，每个环节都亲力亲为，严格把控，且每个项目至少都有两个专家作为顾问，如此确保了故宫产品的"三高一低"——高毛利率、高相关性、高内容性及低曝光率。故宫减少中间商环节，并与供应商建立长期合作机制，确保了产品的高毛利率；产品都以故宫为主题，并由专家顾问审查，确保了产品的高相关性；故宫负责人根据用户调查数据提出产品需求，确保了高内容性；由于是独立研发及严格把控的，确保了产品的低曝光度，满足了用户的个性化需求。

课堂讨论

在故宫淘宝查看某款产品，在京东搜索是否有相同的产品出售，并与同学们讨论故宫淘宝如此售卖产品的好处。

2．内容策划

故宫淘宝在内容策划时，确保内容具备吸引、认知、转化三要素，提升了内容转化效果。例如，"简直看不下去各种玛丽苏！明明她才是帝王们的心头肉！"给用户制造"谁才是帝王们的心头肉"的悬念，激发用户好奇心，达到吸引效果；内容中采用了《荀子》《史记》《汉书》的话作为论证（见图 7-14），提升了说服力，增强了认知效果；内容推出了以神兽为原型的手绘台历，仅售 66 元，具备稀缺性，且文末直接给出购买二维码（见图 7-15），缩短了付费路径，达到了高效转化的效果。

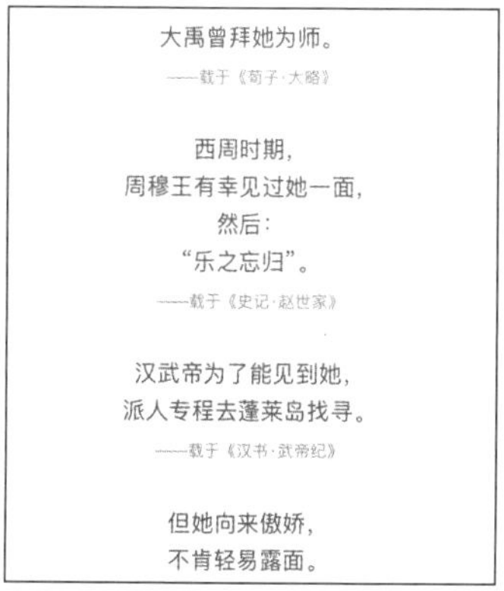

大禹曾拜她为师。
——载于《荀子·大略》

西周时期，
周穆王有幸见过她一面，
然后：
"乐之忘归"。
——载于《史记·赵世家》

汉武帝为了能见到她，
派人专程去蓬莱岛找寻。
——载于《汉书·武帝纪》

但她向来傲娇，
不肯轻易露面。

图 7-14

仅售66元/筒。
满满好福气，宜入新年！

购买请认准故宫淘宝！

长按并识别二维码，
可快速进店买买买。

图 7-15

3．内容创作与传播

故宫淘宝官方微博除"卖萌"外，还布局了微信公众号、H5、纪录片、表情包（见图 7-16）等，进行了一系列事件营销，提升了品牌曝光度，扩大了传播范围。

故宫淘宝所创作的内容满足内容传播四要素——故事、情绪、关联和价值。例如，"朕是如何把天聊死的！"文章讲述了雍正帝话痨及怼臣子的各种故事，增强了文章的可读性，如图 7-17 所示。文章列举了雍正帝怼臣子的各种"段子"，渲染了幽默的气氛，使用户忍不住转发给好友。此外，文中推出了皇帝御批钥匙扣，与用户经常表达个人观点与喜好的场景关联，钥匙扣上有一句皇上的话，可以用此代表用户当前的态度，让用户不失幽默地回复他人，具有缓解气氛、幽默礼貌的实用价值。此篇内容在微信公众号的阅读量超过 10 万（见图 7-18），钥匙扣的转化效果也不错。

图 7-16

图 7-17

图 7-18

4. 销售转化

故宫淘宝内容电商已实现全网多渠道覆盖，如微信公众号、淘宝和新浪微博。故宫淘宝将多渠道资源都引流至淘宝，建立统一的销售订单收口，如图 7-19 和图 7-20 所示。统一的销售平台，便于利用数据分析工具掌握用户需求，从而生产更多个性化、多元化的产品。

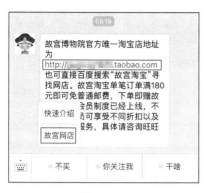

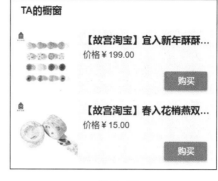

图 7-19　　　　　　　　　　图 7-20

// 7.3　暴走漫画

暴走漫画（Rage Comic，简称"暴漫"）网站成立于 2008 年，并创建了《暴走漫画》制作器，开启了原创漫画制作的新时期。暴走漫画以日常生活故事、笑话为主题，通过简单的手绘表情构成简单的漫画。

7.3.1　暴走漫画——最火爆的原创漫画制作

暴走漫画通过夸张的头像，通常在于嘴和眼的塑造，来表达漫画人物愤怒、开心和无语的心情，是近几年兴起的一种新鲜的网络漫画，在年轻人群体，尤其是学生群体中引起了疯狂的关注。暴走漫画为不具有美术功底的普通网民开辟了表达自我的舞台，如图 7-21 所示，这种方式便于用户主动传播与扩散。

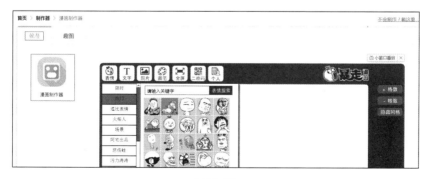

图 7-21

此外，暴走漫画还推出了一系列节目，如《暴走大事件》《每日一暴》《暴走恐怖故事》，成功孵化自己的IP。例如，2013年暴走漫画制作《暴走大事件》节目，集新闻、综艺、文学、心理、技术、历史、政治、生物于一体的全方位脱口秀，用轻松幽默的语言推送社会热点事实，极具幽默和讽刺意义。单单《暴走大事件 第五季》在优酷平台上的播放量已经超过3.4亿（见图7-22），可见其强大的影响力。

图 7-22

7.3.2 暴走漫画内容电商案例分析

暴走漫画是自主孵化IP的典范，其内容电商也以售卖周边衍生品为主，具有极好的个人标签及产品标签特性。本小节将从产品选择、内容策划、内容创作与传播、销售转化四个方面对暴走漫画进行案例分析，进一步提升创作者对内容电商的认知和理解。

1. 产品选择

通过视频、App、图书、微博、微信公众号等的曝光，暴走漫画已成为具有独立IP形象的品牌，提升了用户对于IP形象的认知，其产品的选择大都以IP形象进行延伸制作，减少粉丝的认知成本，如图7-23所示。

暴走漫画或独立研发，或与供应商外包合作，生产IP形象的衍生产品，减少了中间销售链条，使其产品具有高毛利率；暴走漫画的产品与其品牌紧密相关，具有高相关性；暴走漫画的用户是喜欢追求个性与创新的年轻群体，其产品的选择也多为年轻人喜欢的单肩包、抱枕等，且产品上印制暴走漫画的Logo，具有高内容性；暴走漫画的产品具有高度个性化及创意，并非属于市面上的标品，具有低曝光率。因此，暴走漫画的产品也具备"三高一低"的特性。

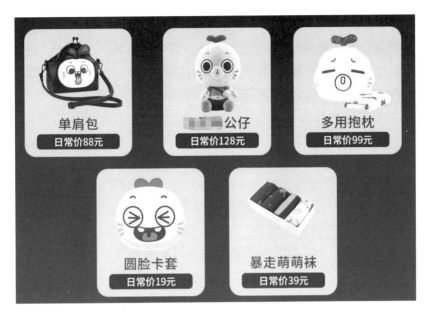

图 7-23

2．内容策划

本书第 4 章提到了"内容 IP 化三步曲"，暴走漫画则是最高形式的自主孵化 IP。暴走漫画通过一系列高曝光度的视频及综艺节目，成功孵化出自己的 IP 形象，如图 7-24 所示。自主孵化 IP 后，暴走漫画围绕 IP 进行一系列内容策划，深化 IP 在用户心中的印象。

图 7-24

在内容形式上，暴走漫画采用短视频、App、综艺节目、小程序等加大IP形象的曝光，如图 7-25 所示。与其他内容电商不同的是，创作者一旦自主孵化出 IP，IP 本身就具有极大的号召力，其衍生产品会吸引用户购买，具有极大的商业价值，周边产品具有极强的变现能力。

3. 内容创作与传播

暴走漫画以用户为出发点，满足其表达自我的需求，并为用户提供具有实用价值的漫画制作器，加大了品牌的曝光与传播。暴走漫画紧紧抓住热点话题，每周制作高质量的《暴走大事件》节目，借助热门事件提升视频传播及品牌曝光。同时，节目以独特的视角、幽默的语言，激发用户的强烈情绪，引起共鸣，提高传播速度。例如，在"旅行青蛙"和微信"跳一跳"蹿红时，《暴走大事件》便及时上线了节目，并对此类现象进行了独特分析，引起广大用户的关注与传播，如图 7-26 所示。

图 7-25

图 7-26

暴走漫画借助千万粉丝的微博账号、百万粉丝的优酷账号、官网及微信公众号等全方位传播视频，以矩阵方式多渠道传播内容，加大品牌的曝光，传播量巨大。

4. 销售转化

暴走漫画有统一的周边销售平台，即天猫"暴走旗舰店"，而且在暴走漫画官网上有其独立入口，如图 7-27 所示。使用统一的销售入口，暴走漫画可以根据用户需求构建柔性供应链，提高销售转化效率。

图 7-27

// 7.4 黎贝卡的异想世界

　　"黎贝卡的异想世界"是黎贝卡的微信公众号,专攻时尚领域。2014 年,黎贝卡创立此公众号,并从一名记者转型为时尚博主。黎贝卡于 2015 年获得搜狐时尚盛典年度搜狐公众号。2016 年 3 月,黎贝卡受香奈儿的邀请到巴黎时装周看秀,2017 年 3 月,黎贝卡受爱马仕邀请前往巴黎观看品牌 2017 秋冬系列大秀,并成为天猫"三八女王节"的品牌证言人。

7.4.1 黎贝卡——时尚达人转型内容电商

　　作为国内知名的时尚公众号,"黎贝卡的异想世界"屡屡刷新人们的视野。据统计,2016 年 8 月,黎贝卡与故宫文化珠宝合作推出首个联名款首饰,20 分钟售罄 400 件,总成交额突破 200 万元;2016 年 10 月,"黎贝卡的异想世界"推出 Miss Fantasy 限量包包,原计划正式开售仅有 1200 只的限量款,提前一个周末就被抢购了 900 多只;2017 年 7 月,"黎贝卡 X Mini 限量加勒比蓝"100 辆,5 分钟售空,50 分钟内全部付完款;2017 年 12 月,黎贝卡推出"黎贝卡 Official"微信小程序,上线 7 分钟,交易额就突破了 100 万。如今,"黎贝卡的异想世界"新浪微博也有 280 多万粉丝,是时尚达人转型做内容电商比较成功的典范。

7.4.2 "黎贝卡的异想世界"内容电商案例分析

2017 年 12 月，黎贝卡上线了自己的品牌，首批上线的 9 款产品，113 分钟便卖出了近 300 万件，足见其内容电商的强大力量。本小节将从产品选择、内容策划、内容创作与传播、销售转化四个方面对"黎贝卡的异想世界"进行案例分析，进一步提升创作者对内容电商的认知和理解。

1. 产品选择

如今，黎贝卡为了给用户提供精致的产品，选择自主设计和生产品牌产品，对每个环节严格把关，从选面料到设计，再到打版、找加工厂等，黎贝卡团队都亲自完成。例如，为了生产适合用户的产品，黎贝卡团队成员都亲自试衣服，并提出反馈意见进行修改，如此严格的专业化选品，让黎贝卡的产品逐渐被用户信任和认可。

黎贝卡的用户 90% 都是女性，且对搭配有一定的追求，为此，黎贝卡为用户挑选符合其调性的产品。黎贝卡亲自把控整个生态链，确保产品的高毛利率；黎贝卡推出的产品大都是羊毛衫、阔腿裤等基本款，确保产品的高相关性；黎贝卡上线个人品牌时，讲述了选择面料、配色等背后的故事（见图 7-28），提升了产品的说服力，保证产品的高内容性；黎贝卡上线产品时，只在自己渠道销售，同时保证稀缺性，每款单品只有 300～500 件，且不会补货，确保产品的低曝光率，如图 7-29 所示。由此可见，黎贝卡完全懂得产品选择策略，从而使产品一推出便取得极好的成绩。

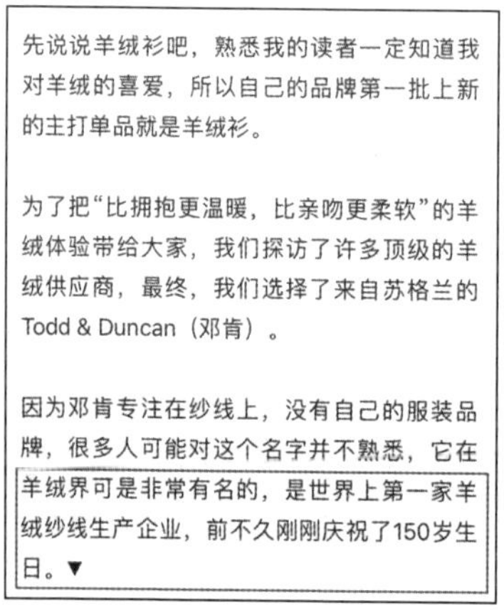

先说说羊绒衫吧，熟悉我的读者一定知道我对羊绒的喜爱，所以自己的品牌第一批上新的主打单品就是羊绒衫。

为了把"比拥抱更温暖，比亲吻更柔软"的羊绒体验带给大家，我们探访了许多顶级的羊绒供应商，最终，我们选择了来自苏格兰的 Todd & Duncan（邓肯）。

因为邓肯专注在纱线上，没有自己的服装品牌，很多人可能对这个名字并不熟悉，它在羊绒界可是非常有名的，是世界上第一家羊绒纱线生产企业，前不久刚刚庆祝了150岁生日。▼

图 7-28

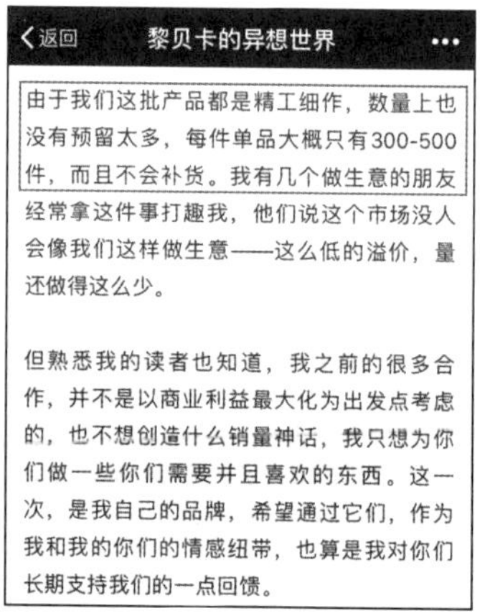

❮返回　　黎贝卡的异想世界　　•••

由于我们这批产品都是精工细作，数量上也没有预留太多，每件单品大概只有300-500件，而且不会补货。我有几个做生意的朋友经常拿这件事打趣我，他们说这个市场没人会像我们这样做生意——这么低的溢价，量还做得这么少。

但熟悉我的读者也知道，我之前的很多合作，并不是以商业利益最大化为出发点考虑的，也不想创造什么销售神话，我只想为你们做一些你们需要并且喜欢的东西。这一次，是我自己的品牌，希望通过它们，作为我和我的你们的情感纽带，也算是我对你们长期支持我们的一点回馈。

图 7-29

2．内容策划

"黎贝卡的异想世界"主要基于微信生态圈来生产内容，为用户提供高质量的搭配技巧，内容多以图文为主，粉丝黏性和活跃度高。它的内容满足场景化要求，如"过年回家怎么穿？8 件单品就足够应对所有场合"便是在即将过春节回家时，根据"走亲戚串门""同学聚会""相亲、约会"等具体场景，为用户提供专业化的搭配建议。

黎贝卡在策划内容时也具备吸引、认知、转化三要素，提升了内容说服力与转化效果。例如，"我的个人品牌今天上线了"便以"为什么要做自己的品牌"引发用户好奇，阐释做品牌的初心，提升用户好感；为彰显羊毛衫供应商的优质，文中使用"英国女王和前首相撒切尔夫人长期穿它家羊绒定制的衣物"作为权威印证（见图 7-30），提升了说服力，达到了认知效果；内容所列产品大都是用户常用的基本款，且首批仅上线 9 个单品，用户可以采用与微信公众号完美对接的小程序（见图 7-31）购买和付费，付费路径短，提升了转化效果。

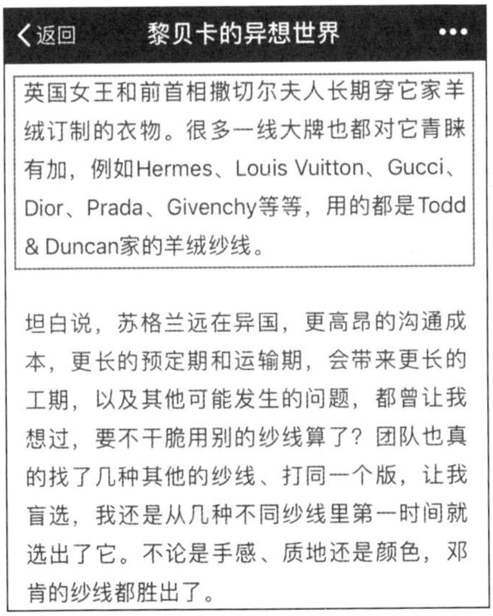

图 7-30

图 7-31

3．内容创作与传播

黎贝卡的内容主要传播渠道在微信公众号，其新浪微博上也有微信公众号的入口，如图 7-32 所示。

图 7-32

　　黎贝卡的内容大多以自己或助理的故事来阐释穿搭技巧,用讲故事的方式提升内容说服力和真实感（见图 7-33）,利于用户分享扩散;内容传播积极向上的生活理念,宣扬精致的品质生活,引发用户追求美好的情绪,利于广泛传播;此外,文章中处处是用户生活中常见的搭配场景,如旅行、走亲串门、约朋友等,与用户高频事件关联在一起;最后,文章中提供了多种搭配实用技巧,为用户提供价值,激发用户转发欲望。黎贝卡内容的每条阅读量基本超过 10万（见图 7-34）,且用户黏性强,她们经常为买不到产品而惋惜。

图 7-33

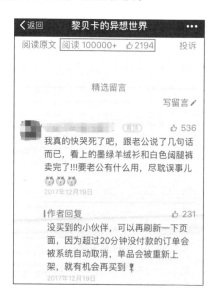

图 7-34

4．销售转化

黎贝卡销售订单收口统一在小程序"黎贝卡 Official"。与传统的阅读原文、淘宝口令、二维码等形式相比，微信小程序的转化率更高。微信小程序属于微信生态体系的一环，可以与微信公众号、微信好友等实现完美链接。例如，可以在微信公众号文章中插入小程序；可以在微信公众号菜单栏、公众号主页及微信面板等寻找小程序入口，如图 7-35 和图 7-36 所示。微信小程序植入方式多样，提升内容电商在微信生态圈中的转化效果。使用微信小程序，用户无须安装 App，只要点击卡片便可以进入，随时随地可以用微信进行支付，方便快捷，提升用户留存与转化效果。

黎贝卡是自产品牌，严格控制产品质量及生产量，更容易把控整个生产链条，建立高效的柔性供应链。

图 7-35

图 7-36

课堂讨论

黎贝卡采用微信小程序作为销售平台，这样选择的好处是什么？

// 7.5　咪蒙

咪蒙是同名公众号"咪蒙"的创始人。2015 年 9 月，咪蒙开始在微信公众号上创作，5 个月便收获超过 200 万粉丝，不到两年时间成长为千万级大号。咪蒙凭借独特的视角、犀利的语言和价值观，吸引了众多用户的关注。

7.5.1　咪蒙——自媒体大号转型内容电商

在做微信公众号之前，咪蒙曾在南方都市报深圳杂志部做首席编辑，版面涉及各个领域，如文化、教育、城市、时尚、家居、旅游等。2015 年，咪蒙开始涉足内容创业，凭借频频刷屏的爆文，快速积累了大批粉丝，目前已经是超过 1000 万粉丝的超级大号。

跟其他自媒体大号类似，咪蒙变现主要来源于广告收入。据一组数据显示：截至 2017 年 3 月 20 日，咪蒙头条软文 68 万元，栏目冠名（周末故事）30 万元，底部 banner 25 万元；二条软文 38 万元，底部 banner 15 万元。另外，在咪蒙推出的 562 篇文章中，有 144 篇是软文。咪蒙在这一年半时间里，已经为 100 多个品牌做过广告，从广告报价来看，这至少为她带来了八位数的年收入，可谓是内容创业者的典范。

2017 年 11 月底，咪蒙推出了知识付费产品，开始进入内容电商领域，售卖知识产品。

7.5.2　咪蒙内容电商案例分析

本小节将从产品选择、内容策划、内容创作与传播、销售转化四个方面对咪蒙内容电商进行案例分析，进一步提升创作者对内容电商的认知和理解。

1．产品选择

咪蒙进入内容电商领域，选择的是自己的知识付费产品"咪蒙教你月薪 5 万"。在选择知识产品时，咪蒙委托第三方机构对粉丝进行调研，调研人数达数十万人。咪蒙本以为女性用户最大的痛点是恋爱和婚姻，结果得出的调研数据是工作和钱，故咪蒙以用户调研为基本出发点，选择了自制产品"职场加薪课"，以解决用户的工作和赚钱两大痛点问题。

咪蒙选择自制付费产品，控制成本，保证产品的高毛利率；咪蒙根据用户调研结果选择相匹配的产品，满足产品的高相关性；咪蒙以自己身边的故事传播产品的必要性，满足高内容性，如图 7-37 所示；咪蒙选择在自己的新公

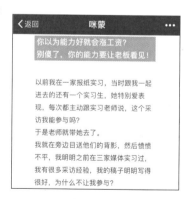

图 7-37

众号"芝士来啦"投放产品，保证了产品的低曝光度。总之，咪蒙选择产品也满足"三高一低"的技巧。

2. 内容策划

在 2018 年新榜大会上，咪蒙分享了自己的内容创作公式，即"从 50 个选题里面选一个，四级采访，五小时的互动式写作，然后要取 100 个标题，同时拿到 5000 人的群里投票，最后再给一篇文章做 1 万字的数据分析报告。"她按照第 4 章讲述的内容制作的步骤"内容定位—用户群体—内容投放—内容运营—数据统计"完成了整个内容的制作。

咪蒙策划内容时，也满足吸引、认知、转化三要素，以"关于加薪，老板绝对不会告诉你的 4 个秘密"为例进行分析。首先，文章的题目便足够吸引眼球，以用户关心的"加薪"话题为出发点，提出"老板不会告诉你的秘密"激发用户好奇，达到了吸引效果；其次，文章用"请几个老板和高管来试听，他们说课程真的有用"，用高管的视角来印证课程的权威，达到了很好的认知效果，如图 7-38 所示；最后，文末提出"11.30—12.4"期间限时五折优惠，渲染了稀缺性，且阅读原文可以直接用微信支付，付费路径短，达到很好的转化效果。这篇文章的阅读量超过 10 万（见图 7-39），并在朋友圈疯传，达到了很好的传播效果。

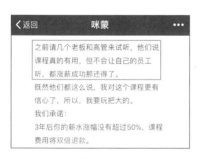

图 7-38

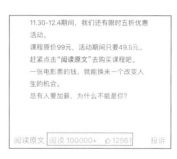

图 7-39

3. 内容创作与传播

咪蒙所创作的内容满足内容传播的四要素——故事、情绪、关联和价值。仍以"关于加薪，老板绝对不会告诉你的 4 个秘密"为例进行分析。首先，全文基本以咪蒙身边的四个故事串联一起，讲述了几种升职加薪成功和失败的故事，将道理蕴含在故事中，利于用户理解和转发；其次，文章描绘了加薪有技巧的蓝图，激发用户向往美好生活的情绪，提升了文章表达效果；文中描述"总有人加薪，为什么不能是你呢？"增强与用户的关联，且文中描述的场景基本是用户经常遇到的，提升了内容的关联效果；最后，文章为用户提供了四个加薪方法，利于用户在获得实用价值时主动传播。总之，这篇内容的传播效果很好，点赞量已超过 1.2 万。

4. 销售转化

咪蒙用科学的数据分析模式挖掘用户痛点，推出符合用户需求的产品，同时产品在新建公众号上统一销售，并在微信生态圈内完成整个产品的铺设，用户在微信内便可付费订阅，提升了转化效率。咪蒙售卖的产品属于虚拟知识产品，供应链更灵活，提高了运营效率。总之，目前产品销售已超过11 万，转化效果还不错，如图 7-40 所示。

图 7-40

// 7.6 张大奕

张大奕是知名淘宝店主，网络红人。她从模特出道，获得淘宝素颜大赛第一名，并时常出现在一些时尚杂志的内页服装搭配中。真正让张大奕火爆的是其在淘宝店铺的卖货能力。据悉，张大奕在三天时间内可以完成普通线下实体店一年的销售量，是互联网电商界的销售神话。

7.6.1 张大奕——网络红人的变现模式

张大奕在 2015 年中国"网红"排行榜中力压章泽天，成为第九名。她的淘宝店铺开业仅一年，便达到五星皇冠，卖货收入甚至超过很多一线明星。2016 年，张大奕受邀以"网红"店主的身份直播，当时观看人数 41 万人，点赞次数超过 100 万，店铺上线的新品 2 小时就成交了 2000 万元，刷新了当时的销售纪录。

张大奕虽被称为"网红"，但她是名副其实的关键意见领袖，通过输出优质穿搭技巧，传达阳光、时尚的生活方式，吸引了大批粉丝。早些时候，张大奕微博的粉丝并不多，身为模特，她掌握了很多品牌知识和搭配技巧，并主动分享在微博上。由于内容优质、搭配时尚，张大奕经常被粉丝问衣服的品牌及购买方式，进而她逐渐萌生开淘宝店铺的想法。张大奕通过新浪微博以穿搭技巧进行内容营销，并将用户引流至淘宝店铺，从而实现销售变现。如今，张大奕微博的粉丝已超过 580 万人，淘宝店铺粉丝已超过 726 万人。

张大奕是最早使用视频介绍产品的"网红"之一，早在 2014 年，她便拍摄了展示围巾的 5 分钟小视频，尽管当时这种方式并不流行且画面并非高清，但其视频播放量超过 3.6 万次，围巾开售后就一抢而光，这也为日后她直播卖货奠定了基础。

总之，张大奕利用微博和淘宝双向引流，借助优质内容，采用以直播为主的方式销售产品变现，实现了极高的收益。

7.6.2　张大奕内容电商案例分析

本小节将从产品选择、内容策划、内容创作与传播、销售转化四个方面对张大奕进行案例分析，进一步提升创作者对内容电商的认知和理解。

1. 产品选择

2014 年，张大奕和冯敏共同经营一家淘宝店铺，而后两人创办杭州如涵控股股份有限公司（下称"如涵"）。如涵自主掌控面料、采购等各种生产流程的关键环节，生产是外包的，打版和设计都是如涵一手抓，故张大奕的选品方式采取的是自主设计和供应商相结合的方式。

张大奕选品也符合"三高一低"的要求。由于自主掌控面料、采购、设计等关键环节，缩减了成本，确保了产品的高毛利率；张大奕粉丝大部分是女性，她们对美好生活有极高的向往，张大奕推荐的产品都是时尚、符合潮流需求的，故其产品跟用户具有高度相关性；每次样品制成后，张大奕会参与每个单品文案的撰写，跟团队一起拍摄产品图片，并在微博上放剧透、解读视频等，其产品符合高内容性的要求；张大奕的产品只在自家淘宝店"吾欢喜的衣橱"上销售，且产品限量发售，避免撞衫，也保证了产品的低曝光度，如图 7-41 所示。

图 7-41

2. 内容策划

张大奕作为时尚穿搭类的关键意见领袖，自身具有很强的号召力。张大奕策划的内容也具备吸引、认知和转化三要素，提升了转化效果。张大奕在服装上新之前，都会在新浪微博上进行测试，与粉丝积极互动，并听取有用的建议修改样衣，以确保产品能吸引粉丝的关注；张大奕主要采用直播进行产品销售，她亲自试穿衣服并进行专业的介绍，使产品效果更直观，更有说服力，达到很好的认知效果；张大奕的讲解风格很接地气，有时也直播现实生活中的吃饭等场景（见图 7-42），她在直播过程中频繁抽奖，达到了很好的转化效果。据悉，粉丝追求时尚，认可张大奕的穿衣风格，复购率几乎是100%，且数据显示如涵电商上半年的快递费为 324.05 万元。以淘宝流行的10 元快递来算，半年寄出 32.4 万个快递，每天需要寄出 1770 个快递，可见张大奕的转化率之高。

图 7-42

3. 内容创作与传播

张大奕充分使用微博进行内容创作，采用"短链接+图片链接+文章+微博橱窗+短视频+一直播"多场景、多样式的传播内容，加大产品的曝光量，如图 7-43～图 7-45 所示。张大奕根据粉丝需求提供相应的产品，并为粉丝提供满足其时尚追求的搭配，具有实用价值，从而吸引粉丝的大量转播。张大奕的一场直播达到 954 万次播放量，可见其内容传播的影响力。

短链接 图片链接

图 7-43

文章 微博橱窗

图 7-44

短视频 一直播

图 7-45

4．销售转化

张大奕采用统一的销售平台——淘宝店铺，联合创办的如涵为张大奕提供供应链及内容运营等服务。如涵对过往数据进行分析，把服饰做成了非标品，且每个单品的制作数量不同，帮助产品在质量、性价比、款式等方面达到很好的平衡。同时，如涵采取预售模式，最大限度上减少库存及成本，依托背后的柔性生产和快速反应体系，快速把产品送到用户的手里。如涵在供应链、服装销售及运营基础上，以内容为搭载媒介，完成用户、品牌和工厂三者之间的闭环。

如涵在供应链方面很强大，可以做到小批量生产。它的生产流程非常灵活，可以快速响应张大奕跟粉丝的个性化和时尚化的需求，并采取"小批量、多品种、快翻单"模式，将风险控制在自己可承受范围之内。

总之，张大奕负责产品销售，如涵保证整个供应链的运作并提供相应的经纪人服务，使产品销售更加快捷，转化效果更高效。

// 7.7 丁香医生

丁香医生是医疗健康类账号，在健康类榜单上经常排名前十。丁香医生每年生产 2600 多万字的健康科普内容，并覆盖微信、App 等超过 3000 万的用户，取得了很好的效果。目前，丁香医生微信公众号的文章阅读量几乎篇篇都是"10W+"，影响力很大。

7.7.1 丁香医生——专业机构的新媒体之路

为了减少医患之间的信息不对等，丁香医生开始进行新媒体运营之路。目前，丁香医生旗下微信公众号、新浪微博、App 等平台用户已超过千万，是健康类知名的新媒体大号。丁香医生的在线问诊平台有超过 1 万名三甲医院主治及以上职称医生入驻，还有专业的医护团队数千人，并与超过 3000 家医疗机构保持合作关系，可见丁香医生强大的实力及团队配置，这也为其在新媒体上强大的输出能力奠定了基础。

丁香医生把内容当作产品打磨，内容具有可执行的标准（如排版和字体等都有统一的规范要求），并签约了超过 800 名作者，有超过 1000 名审稿团队，确保内容的严谨及权威性。丁香医生将科普文章用简单易懂及趣味性的语言表达出来，提升了文章的可读性，吸引了一大批用户。不仅如此，丁香医生还塑造了一个拟人化的"丁当"，让内容更有人情味，如图 7-46 所示，极大地提升了用户黏性。丁香医生的文章排版简洁、选题切入点符合用户需求，且紧跟时代热点，其在新媒体之路上越走越快，发展迅猛。

图 7-46

7.7.2　丁香医生内容电商案例分析

本小节将从产品选择、内容策划、内容创作与传播、销售转化四个方面对丁香医生进行案例分析，进一步提升创作者对内容电商的认知和理解。

1. 产品选择

丁香医生选择的产品都是自己精心挑选和打磨的，比如上线的课程以主治医生和相关专业人士为主，确保产品的权威和可信度。同样，丁香医生的产品选择也遵循"三高一低"的原则，即高毛利率、高相关性、高内容性及低曝光度。由于产品大部分是自己打磨和设计的，可以确保上线的课程等产品具有极高的毛利率；丁香医生选择的产品都是与用户紧密相关的，比如其旗下的"丁香妈妈"以母婴类产品为主，从而确保了产品与用户的高相关性；丁香医生的内容以拟人化的风格进行表述，幽默风趣的同时提升了用户的黏性，使产品具有高内容性；丁香医生上线的课程大都在"丁香妈妈学园"发布，确保了内容的低重复性与曝光度。

2. 内容策划

丁香医生在策划内容时确保形式多样化，有
微信小程序、在线问答等轻量化内容。例如，丁
香医生有"丁香医生""丁香妈妈好物馆""丁香
妈妈学园"等微信小程序（见图 7-47），确保内容
快速触达用户，实现高效转化。

图 7-47

丁香医生策划的内容具备吸引、认知、转化
三要素，提升了内容转化效果。例如，"挑选护肤
品的 3 个秘籍，皮肤科医生都在用"中用"秘籍"
及"皮肤科医生"等激发用户好奇心，且内容以用户为出发点提供切实可用
的方法，达到吸引的效果；内容中推荐了美国著名皮肤科医生褒曼的皮肤测
试方法（褒曼医生是全世界的皮肤科医生和化妆品公司最信赖的皮肤顾问），
增强内容的权威性，起到了很好的认知效果，如图 7-48 所示；内容中直接扫
描二维码便可在微信内完成支付（见图 7-49），付费路径短，且产品由皮肤
科主治医师 10 余年的实践经验打磨而成，相比于网络上的教程和网红护肤
品来说更具稀缺性，从而达到很好的转化效果。

图 7-48   图 7-49

3. 内容创作与传播

丁香医生创作的内容满足内容传播四要素——故事、情绪、关联和价值。
例如，"出现这 5 种信号，你就真的需要好好护肤了"，文章一开头便讲述了
女人生娃之后发现脸变老的事实，让用户感同身受，这样的故事更利于传播；
接着，文中列举了"面部泛红、出现小疙瘩"，并配有相应的图片（见图 7-50），

让爱美的女性心生恐惧，激发强烈的情感；文中提出了各种现实生活中的高频事件，比如新年见亲戚、朋友、同学，参加各种聚会等，将拥有好面容与生活常见的情景关联在一起，提升感染力；最后，文章提出了解决方案，提供不到一瓶洗面奶价格的专业医师护肤指导（见图 7-51），提升了文章的传播效果，阅读量超过 10 万。

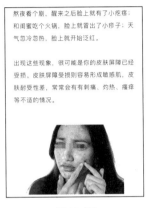

熬夜看个剧，醒来之后脸上就有了小疙瘩；和闺蜜吃个火锅，脸上就冒出了小疹子；天气忽冷忽热，脸上就开始泛红。
出现这些现象，很可能是你的皮肤屏障已经受损。皮肤屏障受损则容易形成敏感肌，皮肤耐受性差，常常会有有刺痛、灼热、瘙痒等不适的情况。

图 7-50

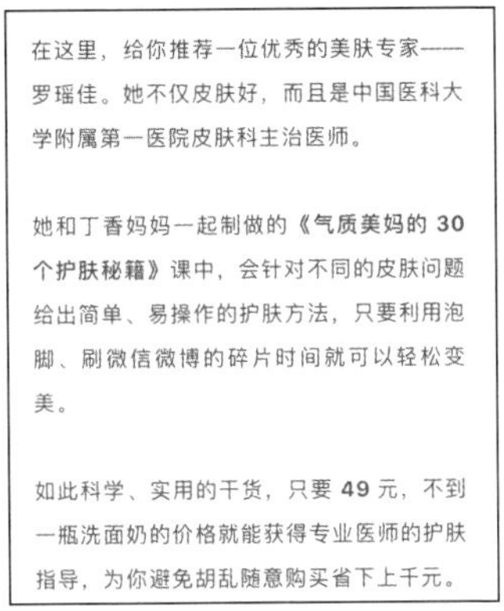

在这里，给你推荐一位优秀的美肤专家——罗瑶佳。她不仅皮肤好，而且是中国医科大学附属第一医院皮肤科主治医师。
她和丁香妈妈一起制做的《气质美妈的 30 个护肤秘籍》课中，会针对不同的皮肤问题给出简单、易操作的护肤方法，只要利用泡脚、刷微信微博的碎片时间就可以轻松变美。
如此科学、实用的干货，只要 49 元，不到一瓶洗面奶的价格就能获得专业医师的护肤指导，为你避免胡乱随意购买省下上千元。

图 7-51

4. 销售转化

丁香医生有统一的销售订单入口，如“丁香妈妈学园”，用户可以在这里找到他们所需的各种课程，如图 7-52 所示；丁香医生还为专业医师搭建了销售知识的平台——丁香医生小程序，用户可以跟医生提问专业问题，医生则可以通过回答问题获得相应的回报，如图 7-53 所示。丁香医生为医患关系提供了统一的销售和信息服务平台，实现了高效的转化效果。

丁香妈妈学园
丁香妈妈
宝宝湿疹的护理与治疗
孔令凯
小课堂
常见问题
小课堂 | 30 分钟解决一个育儿问题
宝宝咳嗽的家庭护理
¥19.9
掌握追奶技巧，让哺乳更轻松
¥19.9

图 7-52

丁香医生
点击图片，咨询陈奇权医生
陈奇权
皮肤科 医师
第三军医大学第一附属医院
2097
4.9
点击向他提问
小程序
丁香医生出品
阅读原文 阅读 100000+ 1467 投诉

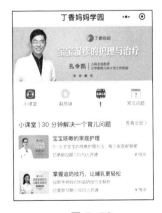

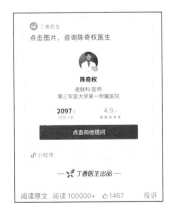

图 7-53

// 7.8 网易考拉

　　网易考拉海购成立于 2015 年 1 月，是网易旗下以跨境业务为主的综合型电商，其销售品类涵盖母婴、美容彩妆、家居生活、营养保健等。网易考拉海购以帮助用户"用更少的钱，过更好的生活"为宗旨，承诺"100%正品，天天低价，7 天无忧退货，快捷配送"，为用户提供海量海外商品的购买渠道，助推消费和生活的双重升级。

7.8.1 网易考拉——跨境电商的崛起之路

　　据艾媒咨询最新发布的中国跨境电商市场研究报告数据显示，2017 年中国跨境电商规模达到了 7.5 万亿元，同比提升了 25.3%，而到 2018 年，其市场交易规模或将达到 8.8 万亿元，其规模将是 2013 年市场规模的 3 倍之多。而交易规模提升的背后，则是中国海淘用户规模基数的扩大。数据还显示，到 2018 年，中国跨境电商用户规模或将达到 0.74 亿，相对于 2014 年，其用户规模增长近 5 倍；网易考拉海购（25.8%）、天猫国际（21.9%）和京东全球购（13.3%）分居 2017 年市场份额的前三位，网易考拉海购蝉联正品信任度第一。

　　消费者对于品质、安全性的追求已超越对价格的敏感性，消费者更愿意购买品质出众的商品，中国的消费市场已进入消费升级时代，中产阶级品牌消费需求崛起促进了跨境电商的蓬勃发展。网易考拉采用"品牌方—保税仓—消费者"的模式，并采用自营模式，全程处于国家的监管之下，更易赢得消费者的信赖，使其快速占据中国跨境电商市场份额第一的位置。

7.8.2 网易考拉内容电商案例分析

　　本小节将从产品选择、内容策划、内容创作与传播、销售转化四个方面对网易考拉进行案例分析，进一步提升创作者对内容电商的认知和理解。

1. 产品选择

　　和网易一贯主打"精品策略"的气质一样，网易考拉海购更加注重商品品质和性价比，即正品、性价比高以及代表当地最高水平的品质。网易考拉海购从一开始便采用自营业态的重模式，放弃了过往电商常用的平台业态的轻模式。为确保产品的质量及对定价权的掌控，网易考拉采取海外直采，全方面介入供应链、仓储、物流、销售、支付、售后各个环节。例如，网易考拉海购在 2017 欧洲招商会上，宣布未来三年内将投入 220 亿元在欧洲市场直接采购当地优质商品，并且还将对海外优秀企业与新兴品牌入华提供包括品牌推广、支付、运营仓储物流在内的多方面的扶持，宣称网易将从"精选商品平台"升级为"品质品牌合伙人"，为国外品牌入华打造保姆式服务，帮助品牌商专注品质，获得更多商业盈利；在澳大利亚招商会上，网易考拉签下 Woolworths、贝拉米、赛诺菲等多家知名品牌，成为澳大利亚品牌在华最大的跨境合作伙伴。

　　网易考拉通过海外直采，搭建自有供应链条，确保产品的高毛利率。中央电视台曾以"泰国乳胶枕"追踪报道过网易考拉海外采购全过程，调查人员将一个全球定位追踪仪放置在一个包裹内，来追踪货物运输全过程，卫星记录显示货物最终从泰国曼谷运送至杭州保税物流中心。网易考拉便通过这样的方式，将海外货物运送到保税仓，然后货物经过"下单—海关清关—仓库配货—发货"快速抵达用户手中。网易考拉提供的是满足中产阶级用户的海外高质量产品，确保产品的高相关性；网易考拉将网易公司以往优质口碑融入至跨境电商，并讲述产品背后的故事，保证产品的高内容性；网易考拉采购很多国外知名但国内并不熟悉的产品，由于产品在其他渠道很难买到，因此确保了产品的稀缺性及低曝光度。总之，网易考拉的选品方式也符合"三高一低"——高毛利率、高相关性、高内容性、低曝光度。

2. 内容策划

　　网易考拉内容形式多样化，有微信小程序、App、官网、微信公众号、微博等。微信小程序的轻量化内容形式，有利于提高用户转化效率，如图 7-54 所示。

　　网易考拉策划的内容具备吸引、认知、转化三要素，提升了内容转化效果。例如，"江疏影 32 岁白得发光没皱纹，微博曝光了她的驻颜术"便通过当前火热的江疏影激发用户兴趣，且以用户为出发点，通过"没皱纹""驻颜"等字眼吸引用户关注；文中通过细腻的描写阐述江疏影美颜的秘密，并指出该产品得到

图 7-54

澳大利亚药品管理局 TAG 检测认证（见图 7-55），提高了产品的说服力，达到了提升认知的目的；文末提供了针对肌肤问题的解决方法，符合用户群体的需求，并直接提供站内购买链接（见图 7-56），缩短付费路径，达到了很好的转化效果。

图 7-55　　　　　　　　　　　　图 7-56

3. 内容创作与传播

网易考拉所创作的内容满足内容传播的四要素——故事、情绪、关联和价值。例如，"我把一个钢铁直男改成了韩系美少年，但真的还挺好看的吧？！"文章一开头便用很多男明星也化妆的实例，讲述化妆是遮挡痘痘很好的方式，用故事提升文章的真实性；其次，文章给出素颜男生的照片（见图 7-57），"干皮+痘印"引起用户憎恶的情绪，激发用户向往高颜值的诉求；此外，文章尝试对此男生进行化妆改造，用八个步骤将内容与日常化妆的步骤关联在一起，并顺便推荐产品，提高产品转化率；最后，文章给出了此男生化妆前后的对比照（见图 7-58），让用户感受到所推荐产品的实用价值，达到了很好的传播效果。

4. 销售转化

网易考拉作为跨境电商平台，不仅自己生产内容，而且还有很多达人分享原创干货，保证平台内容源源不断地产出。网易考拉有统一的销售平台，即"网易考拉海购"，无论是微信公众号还是微信小程序等渠道，都会统一引流至此平台实现销售转化。

这位一心想红的钢铁直男，素颜是这么个样子。请
记住他……的脸。▼

当我仔仔细细看了看秋秋的脸之后，有一瞬间……我
想辞职:-)。

沙漠级干皮+痘印+无神的小眼睛+无敌干燥的嘴
唇……幸好没有改造秋秋的KPI，否则我应该是完不
成的……

图 7-57

嗯嗯嗯，我能怎么办，我也很绝望啊！我的目标就
是，让你体验化妆刷不错，并且玩坏你啊！谁知
道，你最后被我用一套化妆刷改造成了一个……看起
来还不错的直男？！

好了各位，反正第一期直男化妆大改造就是这样
啦，如果我没被辞退的话应该还是会有第二期的！
最后用美腻小姐姐镇楼！

图 7-58

　　网易考拉构建了柔性供应链，全面掌控供应链的各个环节，确保产品及
时送到用户手中。同时，2018 年 2 月 5 日，网易考拉海购在杭州开设首家线
下实体店，逐渐进入线下实体店零售，之后它还将在其他五个城市布局多家
线下实体店。网易考拉布局线下实体店能够更好地满足用户人群对消费体验
的更高需求，提高用户信任度和转化效率。

// 7.9　京东发现

　　京东是刘强东于 1998 年 6 月创建的自营式电商企业，在 2017 年"中国
互联网企业 100 强"榜单中，京东仅次于腾讯、阿里巴巴和百度，排名第四。
京东在线销售涉及的范围有数码产品、家电、汽车配件、服装与鞋类、奢侈
品、家居与家庭用品、化妆品、食品与营养品、书籍、母婴用品、体育与健
身器材以及虚拟商品等，可谓品类齐全。京东的口号是"多、快、好、省"，
力求为用户提供更便捷的服务和产品。

7.9.1　京东发现——京东旗下的内容版块

　　京东发现是京东手机客户端里重要的版块，专为用户提供内容电商产

品，实现高效的销售转化。京东发现在京东下方区域的核心位置，如图 7-59 所示，由此可见，京东也在极力打造内容电商模式。

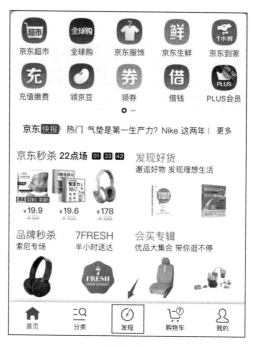

图 7-59

用户可以申请成为京东达人，申请网址为：dr.jd.com。京东达人可以在京东平台上输出内容并推荐产品，从而获得相应的佣金收入。京东达人可以创作六种内容形式，分别为文章、视频、单品、清单、专辑和搭配。京东达人创作完内容后，可以在"渠道申请"申请"发现"并进行渠道投稿，如图 7-60 所示，投稿成功后，内容将呈现在京东发现中，从而提高产品销售量。

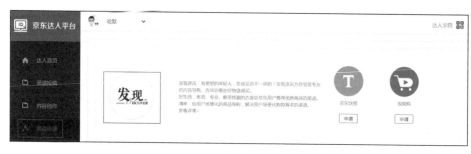

图 7-60

7.9.2　京东发现内容电商案例分析

本小节将从产品选择、内容策划、内容创作与传播、销售转化四个方面对京东发现进行案例分析，进一步提升创作者对内容电商的认知和理解。

1．产品选择

京东发现中所推荐的产品都是京东上的优质产品，产品的选择也符合"三高一低"的原则——高毛利率、高相关性、高内容性及低曝光度。由于京东发现上挑选的产品大都是京东自营的，因此京东具有绝对的定价优势，确保产品的高毛利率；京东发现上大部分内容由京东达人提供，比如某科技类的京东达人推荐都是科技类产品，确保产品的高度相关性；京东达人在推荐产品时，往往会描述自己或周围朋友的案例故事，确保了产品的高内容性；由于京东发现里的产品大都是非爆款、高品质的产品，确保了低曝光度。

2．内容策划

京东发现所策划的内容具备吸引、认知、转化三要素，提升了内容转化效果。例如，"身为'90 后'的他们都在玩高科技，你还不快来"文中首先用"如果你只知道用手机、平板等看电视，便是'90 后'里的老婆婆"这样犀利的语言，激起用户的阅读兴趣，从而达到吸引效果；文中列举了电影院中 60%都是年轻人，他们更喜欢大屏观看影片（见图 7-61），激发用户感同身受的情感，提升认知水平；内容中直接插入京东产品链接（见图 7-62），付费路径短，提升了转化效果。

每逢有好的电影上映，很多年轻人都会去捧场。你可以去电影院观察一下，几乎一场满座的电影有60%都是年轻人在观看，年轻人现在已经不爱用传统的电视机观看电视了，他们更享受这种大屏观看影片的快感。

图 7-61

当时真的把我气死了，可是接下来的事真的让我觉得我是个老婆婆。他用手里小小的机器盒子仿佛打开了新世界的大门，这么时尚黑科技的东西，我居然没见过！！今天就给大家介绍这款黑科技时尚电子产品，看看你会不会玩。

微鲸（WHALEY）K1 家用 投影机 投影仪（720P高清分辨率...

¥2599　　去购买

现在的年轻人不喜欢呆在家里，都喜欢去电影院约会，或者约上几个三五好友，带上帐篷去野外露营。今天给大家推荐的这一款微鲸投影仪就是年轻朋友在野外露营的必备娱乐好物。

图 7-62

3. 内容创作与传播

京东发现上创作的内容满足内容传播的四要素——故事、情绪、关联和价值。例如，"养成 3 个习惯，怎么都吃不胖还加速瘦身"文章一开头便讲述了发胖的人 70%是饮食问题，发胖不是遗传问题的现实；接着，文章描述瘦子都有的生活习惯，激发用户向往美好的情绪；文章给出了瘦子的三个生活习惯，如喜欢喝水而非饮料，与用户日常生活紧密相连；最后，内容中推荐了有利于减肥的产品，给出了具体的解决方案，彰显内容的实用价值，如图 7-63 所示。最终，这篇内容的阅读量达到 4.3 万（见图 7-64），明显高于此京东达人的其他文章，可见内容传播的广泛。

图 7-63

图 7-64

4. 销售转化

京东发现上大多由内容电商经纪人（即京东达人）生产内容和分享经验，确保了内容的多样性及可信度，同时，京东发现的产品销售平台是京东，京东达人依托京东自有的高效、灵活的柔性供应链，提高了销售转化率。京东积累的用户口碑及京东云计算提供的数据支持，都可以高效地提升内容电商的销售转化。

实战训练

根据本章所学，尝试对"小红书"内容电商进行案例分析和总结。